▼ 型紙をなぞって焼くだけでできる ▼

プラバンアクセサリー

デザイン・制作　福家聡子

文化出版局編

はじめに

「プラバン」というと、子どものころに遊んだ経験がある方も多いかと思います。

私もはじめてプラバンに触れたのは小学生のときです。トースターの中でフニャフニャ〜と縮んでいく様子は驚きでした。しかも、焼き上がったものには厚みが出て、自分で描いた絵がそのままかわいいサイズに縮小されていました。自分で作ったものが、素敵な作品になったように思えて、とてもうれしかった覚えがあります。

それから15年ほど経ち、再びプラバンに出会い、改めてその魅力にハマってしまいました。今ではプラバンを使った雑貨が、私の作品の中心的なものになっています。

プラバンの魅力のひとつは手軽さにあると思います。基本的な道具や材料は家にあるものや、すぐ手に入るものででき、比較的安価。そして、トースターの中で縮んでいく姿にはエンターテイメント性もあり、色の変化も楽しいです。また、光沢感のある透明な材質は目を引きます。カットや着色のときの少しぐらいのミスなら、焼いたら小さくなって目立たなくなる場合も多く、そこもうれしい点です。

今回、本書でご紹介している作品はシンプルな形のものも多く、初めての方や細かい作業が苦手な方でもはじめやすい内容になっているかと思います。色は、色鉛筆や

ペン、マーカーなど、身近にあって気軽に使える画材で塗っています。型紙も実寸サイズでご紹介していますので、すぐにはじめていただけるかと思います。

　この本で多くの方にプラバンの魅力を感じていただけたら、とてもうれしいです。そして、形や色合いなど、新たなアイデアが浮かんできたら、是非、形にしてみてください。プラバン作りをどうぞ楽しんでください。

福家聡子

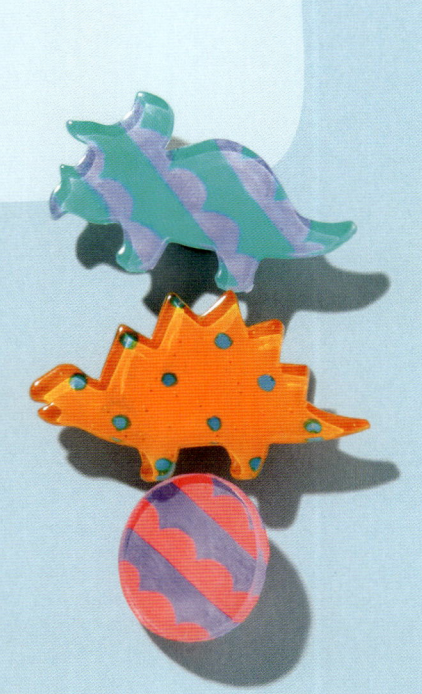

contents

		How to
はじめに	2	

▶ BASIC MOTIF

		How to
ハートのリング／星のピアス	6	50
さんかくのネックレス＆ピアス	7	51
まるとしかくのブローチ＆ピアス	8	52・53
ちょうちょのブローチ／リボンのネックレス＆ピアス	9	54・55

▶ ANIMAL MOTIF

		How to
ねこのブローチ	10	56
ねこの顔のブローチ＆ピアス	11	56
とりのマグネット／こうもりのブローチ＆ピアス	12	57
しまうまとしろくまのブローチ	13	58
くらげのブローチ＆ピアス	14	59
恐竜のマグネット（ステゴサウルス・ティラノサウルス・トリケラトプス）	15	60

▶ FOOD MOTIF

		How to
ホットケーキとドーナツのマグネット	16	61
アイスキャンディーのブローチ	17	62
アイスクリームのブローチ＆ピアス	18	63
かき氷のストラップ＆ピアス	19	63
スイカのストラップ＆ピアス	20	64
イチゴのリング＆ピアス	21	65
リンゴのリング＆ピアス	21	65

▶ PLANTS MOTIF

		How to
きのこのブローチ＆ピアス	22	66
ツリーのブローチ	23	66
花のヘアピン	24	67
花のヘアゴム	24	67

▶ TRANSPORT MOTIF　　How to

トラックとバスのブローチ	25	68・69
くるまのブローチ	26	70
電車のブローチ	27	71
ヨットと客船のブローチ	28	72
UFOのブローチ＆ピアス／土星のブローチ	29	73

▶ JAPANESE MOTIF　　How to

軍配と提灯のブローチ	30	74
富士山のブローチ＆ピアス	31	75

基本の道具と作り方

基本の材料と道具	34
アクセサリー用金具	36
色をつける道具	37
基本の作り方	38
柄パターンについて	40
色を塗るときのポイント	41
アクセサリー金具のつけ方	42
覚えておきたいテクニック	45
プラバンの縮み方	46
プラスαテクニック	47

型紙と色のつけ方	49
柄パターン	76

column
型紙を使わなくてもできる
プラバンアクセサリー　48

▶ BASIC MOTIF

▶ まるやさんかく、しかくといったシンプルなモチーフは、
▶ 色使いや柄を上手に組み合わせれば、いろいろな表情が楽しめます。
▶ 不器用な人でもすぐにチャレンジできる簡単モチーフです。

01〜04
ハートのリング
星のピアス

ポップなモチーフには
はっきりした柄と色を合わせて。
コーディネートのアクセントに
なりそうなかわいいアクセサリー。

how to make ... p.50

05〜08
さんかくの
ネックレス & ピアス

さんかくをつなげただけの
シンプルなネックレスとピアスは、
色使いを大人色にすれば
シーンを選ばず使えそうです。

how to make ... P.51

09〜18
まるとしかくの
ブローチ & ピアス

まるとしかくのモチーフも
大小をつければ使える幅が広がりそう。
市松模様やドット、ボーダーなど
柄で遊んで自分らしく仕上げみては？
how to make ... p.52,53

19〜22
ちょうちょのブローチ
リボンのネックレス & ピアス

かわいくなりがちなモチーフもパステル系の色を選べば
大人かわいいやわらかな雰囲気に。

how to make ... p.54,55

▶ ANIMAL MOTIF

- ▶ 動物のモチーフはわかりやすくてかわいいものがたくさん！
- ▶ 同じ形でも柄を変えれば雰囲気が変わって使える幅も広がります。
- ▶ 紹介しているもの以外でも好きな形を見つけてみても楽しそう。

23〜27
ねこのブローチ

定番のねこの形のブローチは
リアルな三毛猫風にしたり、
柄パターンにして色で遊んだり、
たくさん作って楽しんで。

how to make … P.56

28〜32
ねこの顔の
ブローチ & ピアス

蝶ネクタイつきのねこ顔のブローチは
色違いにするととってもキュート。
小さいピアスは単色にすると
着こなしのアクセントになります。

how to make ... p.56

33〜38
とりのマグネット
こうもりのブローチ & ピアス

好きな柄を合わせやすい
とりモチーフはブローチにしても◎
こうもりは色を変えて自分らしい色にして。

how to make ... p.57

39〜43
しまうまとしろくまの
ブローチ

どちらもシンプルな形だからどんな柄でも
かわいく仕上がります。
しろくまは顔を描けばよりかわいく。

how to make ... p.58

44〜50
くらげの
ブローチ＆ピアス

柄パターンを使えば
バリエーションがたくさん作れる
シンプルなくらげのモチーフ。
ビビッドな色を使えばポップに。

how to make ... p.59

51〜55
恐竜のマグネット
（ステゴサウルス・
ティラノサウルス・
トリケラトプス）

形が独特な恐竜のマグネット。
柄はシンプルな柄パターンにすると◎
男の子へのプレゼントにも喜ばれそう。

how to make … P.60

PLA-BAN 15

▶ FOOD MOTIF

- ▶ フードモチーフは遊び心あふれる作品がたくさん。
- ▶ ビビッドな色からパステル系の色まで組合せ自由。
- ▶ プレゼントにしても喜ばれそう。

56〜59
ホットケーキと
ドーナツの
マグネット

リアル感がどことなく愛らしい
ホットケーキとドーナツ。
おやつのメモはこれで留めておけば
見る人も楽しくなるはず。

how to make ... P.61

60〜64
アイスキャンディーのブローチ

どんな柄にしてもとにかくかわいい！
いつもよりひと回り小さいサイズも使い勝手がよさそう。

how to make … p.62

65〜69
アイスクリームの
ブローチ&ピアス

ポップな色使いに心ときめく
アイスクリームモチーフ。
アイス部分の柄や色を変えれば
表現の幅も広がります。

how to make ... p.63

70〜73
かき氷の ストラップ & ピアス

爽やかで涼しげな印象のかき氷。
雰囲気に合わせた淡い色味が
全体的にまとまりのある仕上りに。
ストラップはブローチにしてもOK。

how to make ... p.63

74～77
スイカのストラップ＆ピアス

わかりやすいスイカは正統派の柄で攻めて。
携帯につけても耳につけても
注目されること間違いなし！

how to make ... P.64

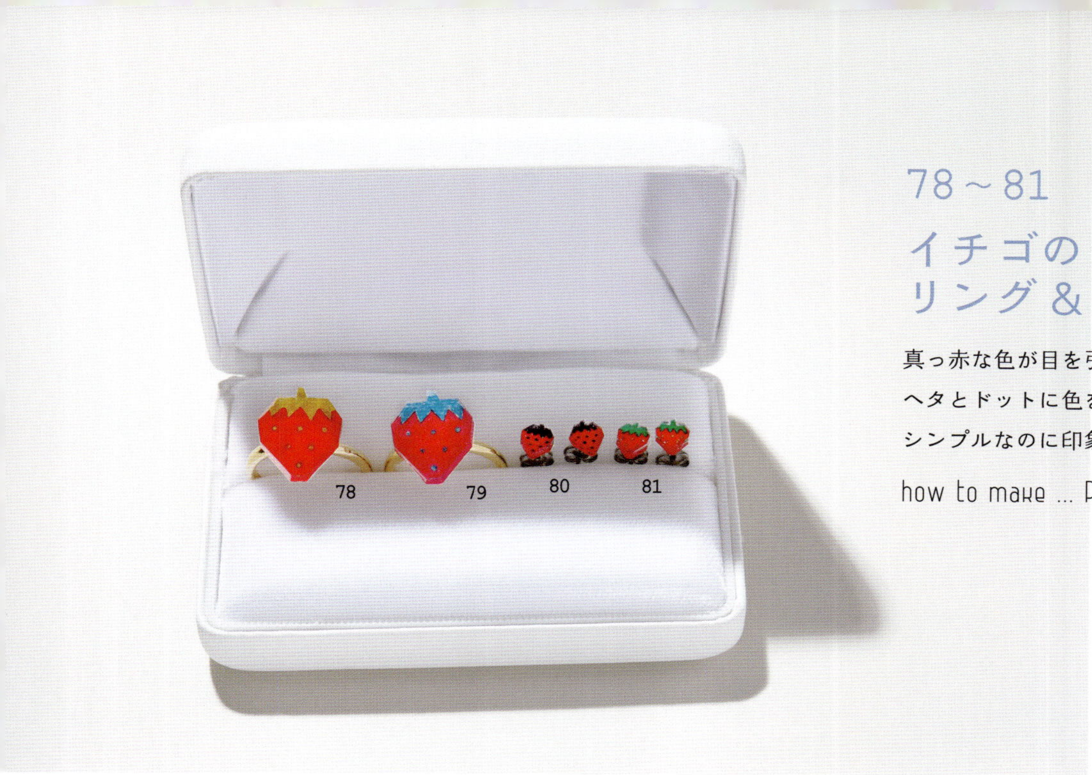

78〜81
イチゴの リング & ピアス

真っ赤な色が目を引くイチゴは、
ヘタとドットに色をつけて。
シンプルなのに印象的な仕上りに。

how to make ... p.65

82〜85
リンゴの リング & ピアス

形がわかりやすいリンゴモチーフは、
柄と色をいろいろ組み合わせて
何パターンも作ってみては。

how to make ... p.65

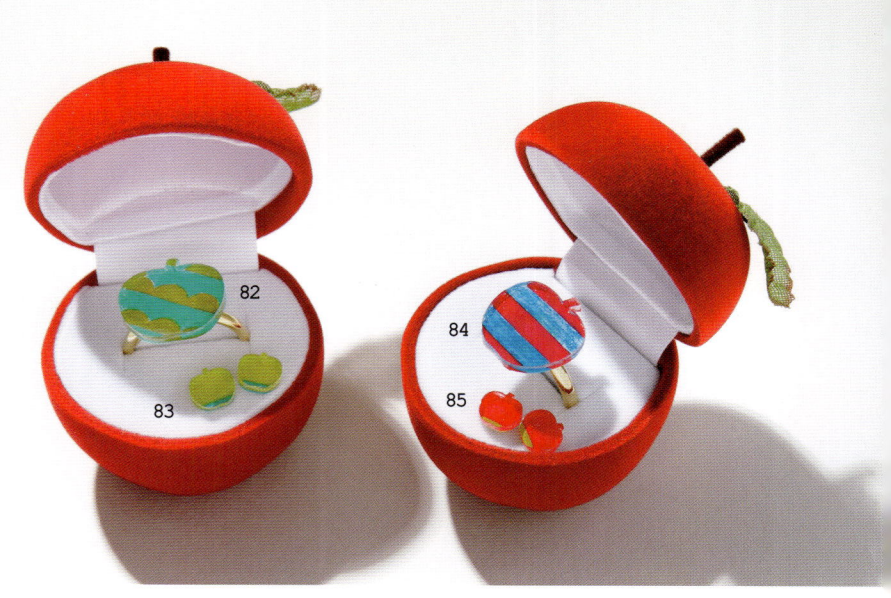

▶ PLANTS MOTIF

▶ きのこや花など、植物にもモチーフになるものがたくさんあります。
▶ 見てるだけでワクワクするアイテムばかり。
▶ キッチュな感じがモチーフの魅力をさらに引き立ててくれます。

86～90
きのこのブローチ＆ピアス

見た目にキュートなきのこは
ピアスにするとさらに乙女心をくすぐります。
アウトドアのときにつけていきたい自然派アイテムです。

how to make ... p.66

91〜95
ツリーのブローチ

シンプルだけどわかりやすいツリーは思うがままに描いてみて。
自分らしい素敵な作品に仕上がります。

how to make ... p.66

96・97
花のヘアピン

さりげなく花っぽさを出した
シンプルヘアピン。
ゴールドペンを使って花の形に。

how to make ... p.67

98・99
花のヘアゴム

淡い色味がやさしい雰囲気に。
明るい色にすれば子どもから大人まで
使える幅が広がります。

how to make ... p.67

TRANSPORT MOTIF

男の子が大好きな乗り物モチーフ。色を塗るところが多いから
作っていても楽しくなります。色違いをたくさん作って並べれば、
ポップでかわいいプラバンアクセサリーの完成です。

100
101
102
103
104

100〜104
トラックとバスのブローチ

トラックの荷台の柄は自分らしい柄や色を使ってみて。
窓の色を変えたりすれば、いろいろな表情が楽しめます。
how to make ... p.68,69

105〜109
くるまのブローチ

90'のようなレトロ感あふれるカラフルなくるまモチーフ。
色を上手に使っていろいろな種類のくるまを作ってみて。

how to make ... p.70

110〜114
電車のブローチ

山と電車のどのかな柄は見てるだけで心が緩みそう。
色パターンで遊べるから組合せを楽しめます。

how to make ... p.71

115〜119
ヨットと客船のブローチ

ヨットはカラフルにすると◎
帆に好きな柄を合わせて
オリジナル作品の出来上り。

how to make ... p.72

120〜126
UFOのブローチ & ピアス
土星のブローチ

コスモチックな宇宙モチーフたち。
大胆に色や柄を選んで思うがままに作ってみて。

how to make … p.73

JAPANESE MOTIF

和のモチーフはそれだけで存在感抜群。
色でも柄でも好きなように作ってOK。直感で色を選んでみて。

127〜130
軍配と提灯のブローチ

和の雰囲気あふれるモチーフ。
提灯は和柄を合わせてもかわいくなります。

how to make … p.74

131〜137
富士山の
ブローチ＆ピアス

インパクト大の富士山モチーフ。
ひとつ身につけるだけで
一気に注目の的になるはず！

how to make ... p.75

基本の道具と作り方

プラバンアクセサリーを作るときの
基本テクニックや必要な材料、色の塗り方、
焼き方のポイントを説明しています。
まずは基本の材料と作り方にひととおり目を通して、
手順をイメージしてから作りはじめましょう。

基本の材料と道具

プラバンアクセサリーを作るときに必要な材料や道具をご紹介します。
どれも家庭やクラフトショップなどで手に入りやすいアイテムです。

プラバン
本書では、厚さ0.3mmのものを使用しています。100円ショップでも手に入れることができます。

オーブントースター
一般的なトースター。製品によってワット数が違うため、焼く時間を調節しましょう。本書では860ワットを使用。

アルミホイル・クッキングシート
焼くときの土台にします。アルミホイルはくしゃくしゃにして伸ばし、その上にクッキングシートを乗せます。

はさみ
プラバンと型紙を切り取るときに使用します。フッ素加工されていると色汚れがつきにくいです。

マスキングテープ
プラバンと型紙を固定したり、プラバンの表面についた汚れを取るときに使用します。幅5cmが多用できます。

色鉛筆＆マーカーペン
プラバンに色をつけるときに使用します。色鉛筆や不透明の水性顔料インクのマーカーなどがおすすめです。（P37参照）

紙やすり
色がプラバンに定着するように、プラバンの表面を削るときに使います。本書では400〜600番の粒度を使用。

プレス用トレー
焼いた後にプラバンを平らに整えるときに使用します。ステンレストレーや熱に強く表面が平らなものでもOK。

ティッシュ＆クロス
プラバンの汚れを取るために使用します。指紋もきれいに取れる、ウェットタイプやメガネ拭きのような布がおすすめです。

クリアラッカースプレー

色落ちを防ぎ、耐久性を高める保護スプレーです。風通しのよい場所や外などで使用し、使った後はよく乾かしましょう。

ラッカー用の台紙

ラッカーをかけるときにプラバンを固定させるためのものです。厚紙やダンボールなどを使います。

下敷き用の紙

プラバンに色をつけるときに下敷きとして使用します。新聞紙などでもOKですが、色が見えやすい白い紙がおすすめです。

アクセサリー金具

ブローチ、ピアス、ネックレスなどアクセサリーにするときに必要な金具です。（P36参照）
※ネックレスの切断用にニッパー等が必要です。

やっとこ

アクセサリー金具をつなげるときに使用します。（P45参照）

指かん

丸かんを開けたり閉じたりするときに、指にはめて使用します。ない場合はやっとこなどで代用できます。

接着剤

金具をつけるときに使用します。金属、プラスチックの両方に使えて、速乾性があるものがおすすめです。

ミニホールパンチ

ネックレス、ピアス、ストラップのプラバンに穴を作るときに必要です。直径3mmの穴が開けられるものを選びましょう。

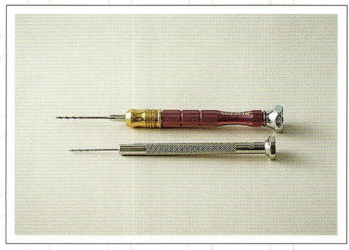

ピンバイス

穴が小さい場合、穴を大きくするために使用します。ドリル径1.3mmくらいのものがよいでしょう。

アクセサリー用金具

この本で紹介しているアクセサリーを作るときに必要な金具をご紹介します。
それぞれの金具のつけ方は P42 で説明しています。

ブローチ金具
本書では 15mm、20mm、25mm サイズを使っています。「ブローチピン」とも呼ばれています。

ピアス
キャッチタイプと U 字タイプのものがあります。U 字タイプは丸かん（0.7 × 4mm、0.6 × 3mm）を一緒に用意します。

リング台
リング台になるもので、丸皿がついたものを使用します。本書では丸皿のサイズが 8mm のものを使用しています。

ネックレスチェーン（アジャスターつき）
アジャスターで長さが調節できます。一度中心で切断してから、丸かん（0.7 × 4mm）で焼いたプラバンにつなげます。

ヘアゴム
丸皿の金具がついたものを使用します。本書では丸皿のサイズが 14mm のものを使用しています。

ヘアピン
本書では長さ 45mm、丸皿 10mm のものを使用しています。つけたときのモチーフの上下を意識して接着しましょう。

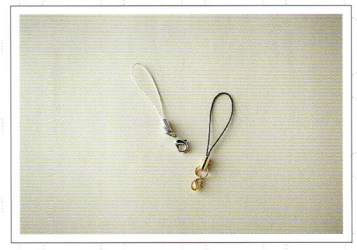

ストラップ金具
カニフックがついたもので、丸かん（1 × 6mm）を一緒に用意します。色はブラックとシルバーの 2 色を使用しています。

マグネット
10mm と 15mm のサイズを使用しています。接着するときに、接着面を白マーカーで着色して色透けを防止します。

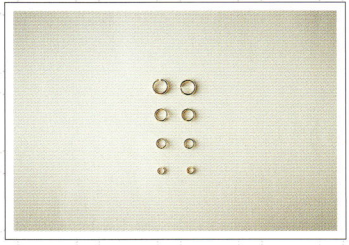

丸かん
プラバン同士やパーツ同士をつなぐときに使用します。サイズは 1 × 6mm、0.8 × 5mm、0.7 × 4mm、0.6 × 3mm です。

色をつける道具

本書で使用する、色をつけるための道具をご紹介します。
作品に使う色はP49からの型紙ページに作品ごとに掲載しています。

ポスカ（中字丸芯）
発色がよい、不透明の水性顔料インクです。塗りやすい中字の太さがおすすめです。本書では金、銀も使用しています。

ポスカ（蛍光・中字丸芯）
蛍光タイプのポスカです。こちらも不透明水性のものを使用します。発色がよく、色つけのアクセントになります。

クラフトスター1（中字）
鮮やかな発色が特徴。カラーも豊富。
※本書では同じゼブラ社製の「ポップスター」という製品も使用していますが、廃盤予定のため、こちらの製品での代用をおすすめします。

ハイマッキー（中・太字両用）
一般的な油性ペンです。本書では、「黒」と「ライトブラウン」のみを使用しています。輪郭や顔を書くときに使用します。

ユニカラー
くっきりとクリアな色合いが特徴です。手に入りやすい一般的な色鉛筆です。単色でも市販されています。

色鉛筆 880
発色のよいスタンダードな色鉛筆です。カラーバリエーションが豊富。単色でも市販されています。

IROJITEN
やわらかみのある、自然な色合いが特徴。淡い色味が豊富で大人っぽい仕上りになります。単色でも市販されています。

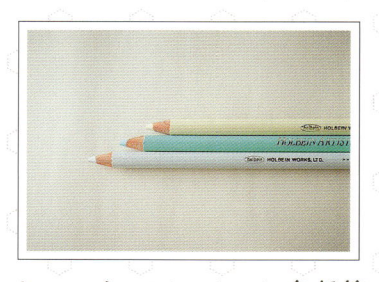

ホルベイン アーチスト 色鉛筆
色伸びがよいのが特徴です。本書では「アイス グリーン」「サンド」「ウォーム グレイ＃2」のみを使用しています。

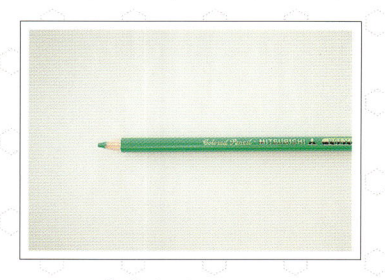

ポリカラー 7500
芯が太めで塗りつぶしや彩色などに適しています。本書では「エメラルドいろ」のみを使用しています。

基本の作り方

プラバンアクセサリーの基本の作り方を説明します。
型紙をそのまま使っても、コピーして使ってもOKです。

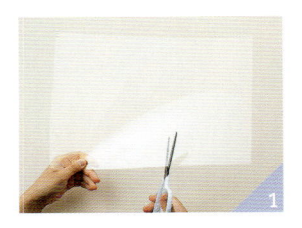

1. プラバンを切り取る
プラバンを袋から取り出します。プラバンが大きい場合は、型紙のサイズに合わせてプラバンを切り取ります。

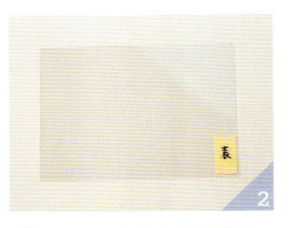

2. プラバンの表裏を確認する
プラバンの表側と裏側を確認します。表側の方に「表」と書いたマスキングテープをはっておくといいでしょう。(P46参照)

3. 裏側にやすりをかける
プラバンを裏にしてマスキングテープで固定し、円を描くようにして均一にやすりをかけていきます。角まで丁寧にかけます。

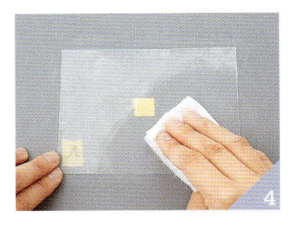

4. 粉を拭き取る
全体が白っぽくなったらウェットティッシュやマスキングテープで、やすりがけで出た粉を拭き取ります。表側も拭きます。

5. 全体を確認する
均一にやすりがかかっているか確認。色の濃い紙の上や光に透かして、かかっていないところは再度やすりがけを行います。

6. 型紙に合わせて色を塗る
型紙の上にプラバンを置き、マスキングテープで固定します。色が薄い色鉛筆から塗り始めると失敗しても目立ちません。

7. すべて塗りつぶす
色鉛筆で塗る部分をすべて塗りつぶします。ムラがないように塗りましょう。

8. ペンで塗る
次にポスカなどのペンタイプを塗ります。特にポスカは液が溜まりやすいので、時間をかけずさっと塗ると均一に塗れます。

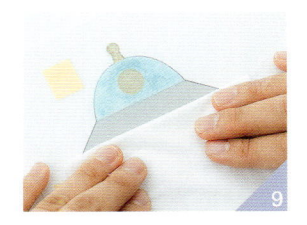

9. ティッシュで押さえる
厚塗りを防ぐために、ペンで塗った部分をティッシュで軽く押さえます。色が薄くなったら7と8をくり返します。

10. 残りの部分を塗る
7と同じように残りの部分を塗ります。乾く前にティッシュで押さえて厚塗りを防ぎます。

11. 型に合わせて切り取る
プラバンから型紙を外し、色を塗ったラインにそってプラバンを切り取っていきます。

12. 細かい部分は丁寧にカット
細かい部分や尖っている部分は、はさみを入れ変えながら切り取ります。焼くと小さくなるのであまり神経質にならずに。

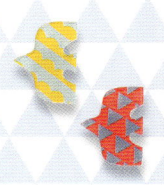

表側の汚れを拭き取る
表側の汚れをクロスやティッシュで拭き取ります。マスキングテープをはった部分はのりの残りがあるので念入りに。

トースターに予熱を入れる
焼く前にトースターを温めます。中が十分熱くなるくらいが目安です。焼く時間はワット数によって変わります。

プラバンを焼く
クッキングシートの上に、色を塗った面を下にして置き、アルミホイルの上に置きます。滑りやすいので注意しましょう。

縮み始める
トースターに入れて数秒でプラバンが縮み始めます。焼いているときはフタを開けたままにし、触らないようにします。

さらに縮む
焼き続けると 16 の状態からさらに縮みます。ひっくり返ったときは一度出して元に戻し、すぐに中に入れます。やけどに注意。

縮み終わり
さらに焼き続けると縮まなくなります。表面をトロッと仕上げたいときは、ここからさらに数秒焼きます。(P47 参照)

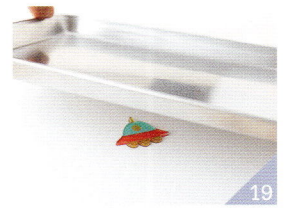

トレーなどでプレスする
焼き終わったらトースターからプラバンを取り出して 15 秒〜25 秒待ち、熱に強くて平らなもので上から軽く押さえます。

厚紙に固定する
厚紙にマスキングテープをはり、色を塗っている部分が上になるようにはって固定します。

ラッカーを吹きかける
20 で固定したプラバンにラッカーを吹きかけます。乾いたらまたラッカーを吹きかけます。これを 2〜3 度くり返します。

接着剤をつける
ブローチの金具に接着剤をつけます。つけすぎると接着剤がはみ出ることがあるので、薄くまんべんなくつけます。

金具をつける
プラバンの裏側に 22 の金具をつけます。はみ出た接着剤が気になるときはティッシュで拭き取ります。

完成
接着剤が乾いたらプラバンアクセサリーの完成です。
※接着剤の乾燥時間は使用する接着剤によって異なります。

※まれに、作品の端部分から色落ちする場合があります。ご使用前にティッシュ等で色がつかなくなるまで拭き取ってください。

柄パターンについて

この本の作品では柄パターン（P76～P79）を使用するものがあります。
基本の作り方と手順が違うので、その作り方をご紹介します。

🌸 柄パターンの使い方

1. 型紙をコピーする
型紙のコピーと描きたい柄パターンのコピーをそれぞれ用意します。

2. 型紙とプラバンを固定する
型紙とやすりがけしたプラバンをマスキングテープで固定します。このとき、やすりをかけた面が上になるようにします。

3. 型に合わせて切り取る
型紙にそってプラバンを切り取ります。切りにくい部分ははさみを入れ変えながら切ります。

4. 切り取り完了
切り取ったところ。曲線の部分は、最後に少しずつ形を整えるとなめらかになります。

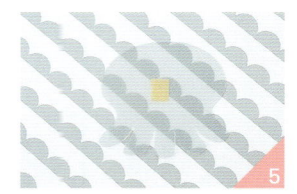

5. 柄パターンを合わせる
型紙をはずし、プラバンを柄パターンの上に置いてマスキングテープで固定します。柄の位置は好きなところを選びます。

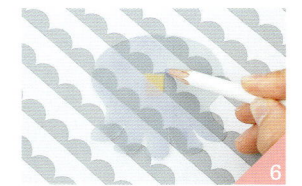

6. 色を塗る
柄パターンの柄にそって色を塗っていきます。輪郭を先に塗ると、きれいに塗れます。

7. ペンで塗る
ペンやマーカーは時間をかけずにさっと塗ります。完全に乾かないうちにティッシュで軽く押さえて、厚塗りを防ぎます。

8. 完成
この後はP39のプロセス13以降と同じです。

柄パターンとは？

本書で紹介しているアクセサリーの柄の中には、ドットやストライプ、波模様など、どの型にも使える「柄パターン」の型紙を使用しているものがあります。柄パターンは全部で8種類。P76～79にそれぞれの柄の型紙を掲載しているので、コピーして使いましょう。自分の好きな形のアクセサリーを作りたいときでも、この柄パターンを使えば簡単に柄や模様が描けます。

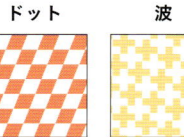

ドット	 波	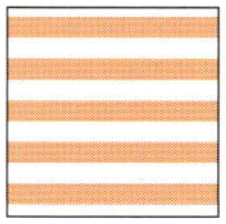 ストライプ	 ウロコジマ
市松	十字	 三角1	 三角2

色を塗るときのポイント

色をきれいに塗るためのポイントをご紹介します。
作るときの参考にしてみてください。

❀ 色鉛筆

Point1 まわりから塗り、中は重ね塗りする

ぬり絵のようにまわりの線から型を囲むようになぞり、輪郭がはっきりと出るようにします。

内側は均一になるように、塗る方向を変えて何度か重ね塗りをすると、きれいに仕上がります。

Point2 蛍光色は避ける

蛍光色の色鉛筆はプラバンの上では色が出にくいため、通常の色鉛筆を使用するのがおすすめです。

❀ ペン&マーカー（インク量が変化しやすいもの）

Point1 重ね塗りする

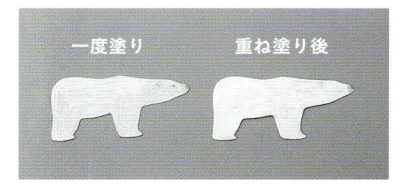

一度塗り　　重ね塗り後

特にポスカはムラになりやすく、明るい色は金具が透けやすいため重ね塗りしましょう。一度塗ったらティッシュで軽く押さえ、その後にもう一度塗ります。

Point2 薄い色から塗る

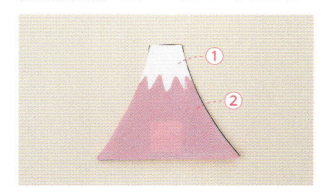

写真の順番（①→②）のように薄い色から先に塗ると、はみ出しても上から濃い色を塗ることができ、失敗が目立ちにくくなります。

Point3 金と銀の着色のタイミング

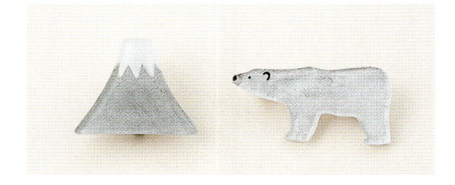

ポスカの金と銀は、着色するタイミングで明るさや光沢に違いがでます。写真の富士山（左）は焼く前、しろくま（右）は焼いた後に着色したものです。好みに合わせて塗り分けましょう。

Point4 厚塗りを避ける

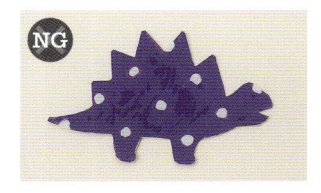

NG　→　焼くと…　→　OK

厚塗りの状態。重ね塗りしたときにはティッシュで軽く押さえます。

インクが厚塗りの状態のまま焼くと、写真のようにインクが浮いてムラが出てしまいます。

丁度よい塗り具合。インクが乾く前にティッシュで軽く押さえてあります。

アクセサリー金具のつけ方

アクセサリー金具は基本的に接着剤をプラバンにつけるだけ。
それぞれの使い方やつけ方を覚えておきましょう。

◆ ブローチ

1. 接着剤を金具に直接つけます。全体に接着剤がつくように、薄くまんべんなく、少しずつつけます。 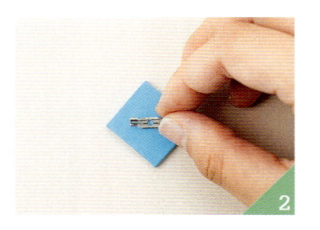
2. 色を塗った面に 1 をつけます。はみ出た接着剤が気になるときはティッシュで拭き取ります。 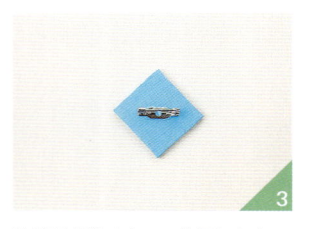
3. 接着剤が乾くまで、放置します。
※接着剤の乾燥時間は使用する接着剤によって異なります。

完成

◆ ポストピアス（キャッチつき）

1. ピアスのように小さい面は、先に、不要な紙などに接着剤を出して使います。 
2. 1 で出した接着剤を、ピアス金具の丸皿の面が触れるくらいの力でまんべんなくつけます。 
3. プラバンの色を塗った面の中心に 2 をつけ、乾燥させた後、キャッチをはめます。

完成

◆ フックピアス

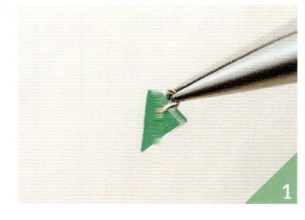

1. 焼く前に開けておいた穴に丸かん（0.7 × 4mm）を通して閉じます。丸かんは前後に開きます。 
2. 1 の丸かんに別の丸かん（0.6 × 3mm）を通します。 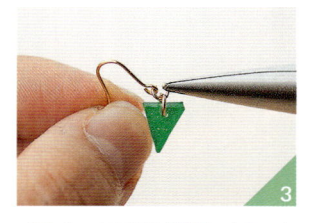
3. プラバンの表裏を確認して 2 の丸かんに U 字ピアス金具を通し、丸かんを閉じます。

完成

◆ リング

| 1 | 2 | 3 | 完成 |

リング台の丸皿に接着剤を直接つけます。薄くまんべんなく、少しずつつけます。

プラバンの色を塗った面に1をつけます。接着剤がはみ出したらティッシュで拭き取ります。

接着剤が乾くまで、放置します。

◆ ネックレス

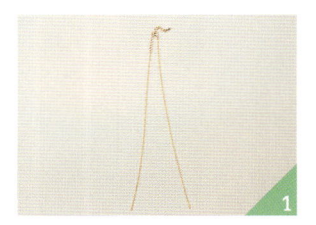

ネックレスチェーンを好みの長さに調節し、中心をニッパー等で切断します。

プラバン同士の片穴を丸かん（0.8×5mm）でつなげます。
※この過程はさんかくのネックレスのときだけ必要です。

もう片方の穴に、それぞれ丸かん（0.7×4mm）を通して1で切断したチェーンとつなげます。

完成

◆ ヘアゴム

ヘアゴム金具の丸皿に接着剤を直接つけます。薄くまんべんなく、少しずつつけます。

プラバンの色を塗った面に1をつけます。接着剤がはみ出したらティッシュで拭き取ります。

指でしばらく押さえ、不安定な場合は金具とプラバンをマスキングテープで巻いて固定し放置します。

完成

◆ ヘアピン

1. ヘアピン金具を厚紙などに挟んで固定し、丸皿に接着剤を直接つけます。薄くまんべんなくつけます。 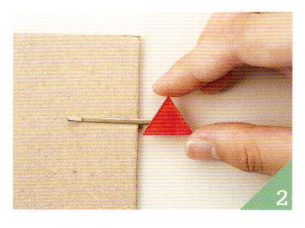
2. 丸皿が中心にくるようにプラバンをのせます。 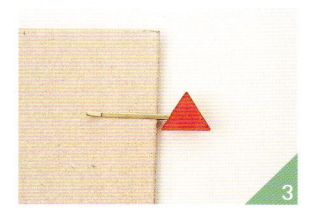
3. 接着剤が乾くまで、放置します。

完成

◆ ストラップ

1. 焼く前に開けておいたプラバンの穴を、ピンバイス（ドリル径1.3mm）で広げます。 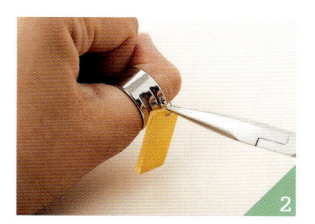
2. 1で広げた穴に、丸かん（1×6mm）を通して閉じます。 
3. 2の丸かんにストラップ金具のフックを引っ掛けます。

完成

◆ マグネット

1. マグネットの黒をプラバンに透けにくくするため、片面を白で2度塗りします。 
2. 1が乾いたら、白くした面に接着剤を直接つけます。薄くまんべんなく、少しずつつけます。 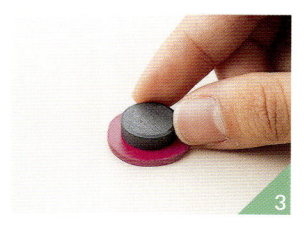
3. プラバンの色を塗った面に2をつけます。接着剤がはみ出したらティッシュで拭き取ります。

完成

44 PLA-BAN

覚えておきたいテクニック

丸かんのつけ方や穴の開け方など、
アクセサリーを作るうえで必要なテクニックです。

◆ 丸かんのつけ方

1 やっとこで丸かんをはさみ、指かんの溝に引っ掛けて前後にねじります。

2 1で開いた丸かんをプラバンの穴に通します。

3 2で通した丸かんをもう一度指かんに引っ掛け、輪を閉じます。閉じるときも前後に動かします。

4 丸かんに少しすき間があいている場合は、やっとこで挟んですき間を閉じます。

丸かんの開き方

丸かんは、やっとこと指かんなどを使って、前後に動かして開きます。左右に引っぱるように広げると丸かんが弱ってしまうので左右に開かないようにしましょう。閉じるときも開いたときと同じように前後に動かして閉じます。

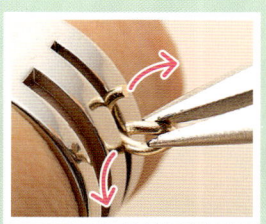

前後に開きます。左右に開くのはNG。

◆ 穴の開け方

1 焼く前のプラバンに、型紙の穴の位置を参考に型紙と一緒に挟み、パンチで穴を開けます。

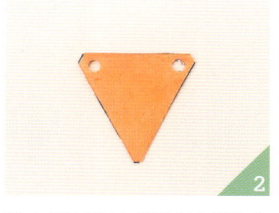

2 際のギリギリに開けると壊れやすいので、外側になりすぎないようにします。

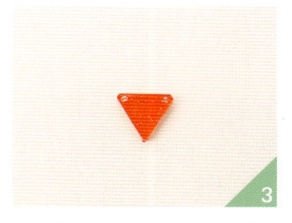

3 2を焼いたもの。穴も小さくなります。

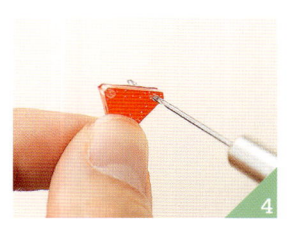

4 丸かんが通りにくいときは、ピンバイス（ドリル径1.3mm）で穴を広げて通りやすくします。

PLA-BAN 45

プラバンの縮み方

プラバンには、表と裏、縦と横の区別があります。
その見分け方を覚えておくと、さらにきれいに作れます。

✚ プラバンの表と裏

プラバンには表と裏があります。表とは、焼いたときに平らになる面(a)で、裏とは、焼いたときに縁が盛り上がったり、反り上がったりする面(b)のことをいいます。本書の基本の作り方(P38)で色をつけるためにやすりがけをするのが、ここでいう裏側です。表と裏は焼いてみないとわかりません。試しに使うプラバンを小さく切って長めにしっかり焼いてみて確かめておくとよいでしょう。

※基本の作り方(P38)では、表になる面に「表」という目印をつけてご紹介しています。

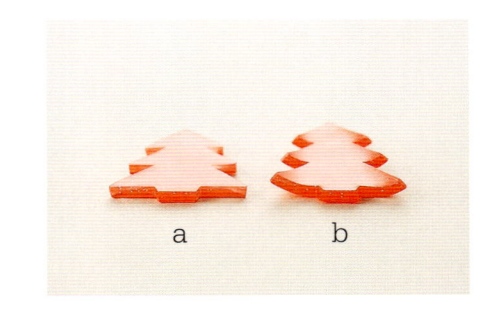

✚ プラバンの縦と横

プラバンはその性質上、1枚1枚によって縮みやすい方向があります。縦に縮む場合もあれば、横に縮む場合もあります。写真の(c)と(d)を比較すると、(c)は縦方向に縮み、(d)は横方向に縮んでいることがわかります。こちらも、使用するプラバンを正方形に小さく切り、試しに焼いてみて、縮む方向を確かめておくとよいでしょう。向きを把握した上で、好みに応じて作る作品の型紙をあてる方向を調整しましょう。

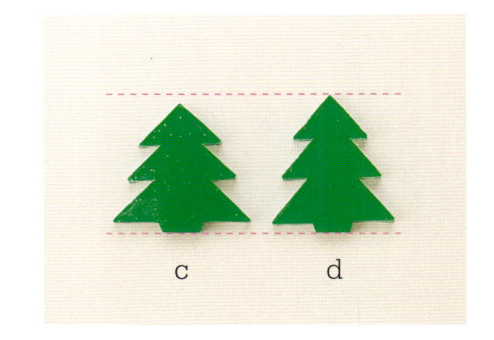

✚ 型紙と出来上りの比較

本書では、一般的なプラバンの縮尺(4分の1～6分の1の縮尺)を想定した型紙を使用しています。焼く前と後では大きさがこんなに変わります。

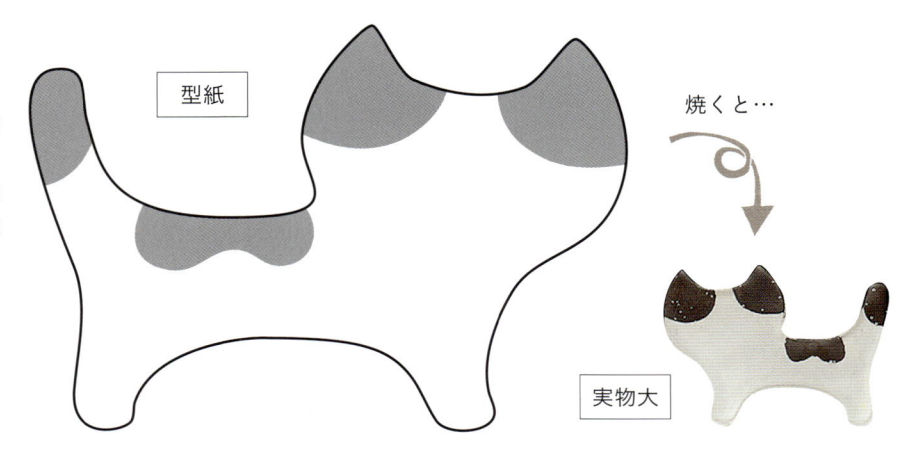

焼くと…

型紙

実物大

46 PLA-BAN

プラスαテクニック

焼き時間の長さや、プレスの仕方で仕上りが変わることがあります。
「焼き時間」と「プレス」のポイントをご紹介します。

➕ 焼き時間のポイント

　プラバンは、焼き時間によってその表情が少しずつ変わってきます。基本の作り方（P39）で紹介したプラバンの焼き時間は、プラバンが縮み終わってから15〜20秒です。縮み終わってから少し焼くことで、プラバンの表面をトロッとした質感に仕上げることができます。これをさらに焼いていくと、プラバンには気泡がたくさん出てきます。気泡は多少入っても構いませんが、気泡を入れたくない場合は、焼いているプラバンの様子をよく観察し、好みの状態になったらすぐに取り出すようにしましょう。

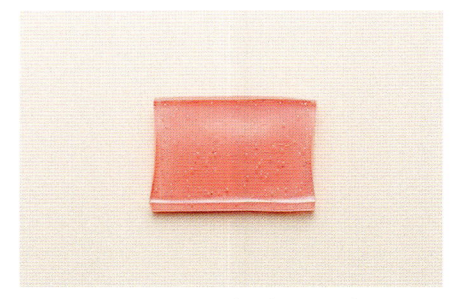

焼き時間が長いと、白いポツポツとした気泡が入ってくる。

➕ プレスするときのポイント

　プレスは、焼き上がった後のプラバンを平らに整えるためにします。しかし、タイミングによって、表面の仕上りにも違いが出ます。タイミングが早すぎると下の左の写真のような凹凸ができてしまいます。また、遅すぎるとプラバンが冷え固まってしまい、平らになりません。この場合は再びトースターで焼けば、またやわらかくなって凹凸も消え、やり直しができます。何度か試して、丁度よいタイミングを見つけましょう。

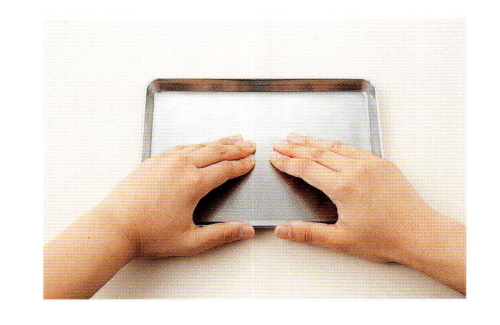

プレスするタイミングが早くて、凹凸ができてしまった状態。

もう一度
焼く
▶ ▶ ▶

プラバンの様子をよく見て、凹凸が消えたら取り出し、15〜25秒経過した後にもう一度プレスします。

※使うトースターのワット数によって焼き時間が変わってきます。本書で使ったトースターは、860ワットです。

PLA-BAN 47

Column

型紙を使わなくてもできる プラバンアクセサリー

本書に掲載した型紙を使わなくても、好きな色や形を使って、
簡単にかわいいプラバンアクセサリーができる方法をご紹介します。

● オリジナルボタン

本書で使用するミニホールパンチを使うと、ボタンが作れます。
好きな色と形で、自分だけのかわいいボタンを作ってみましょう。

作り方

1. 作りたいサイズの4倍ほどの大きさにプラバンを切り取る
2. 好きな色や柄をつける
3. ミニホールパンチで2つ穴を開ける
4. 焼く（➡38 基本の作り方参照）

まるボタン

しかくボタン

● クッキーの型を使って

市販のクッキーの型を使っても、
簡単にピアスやボタンサイズの
プラバンアクセサリーを作ることができます。

作り方

1. プラバンの裏面（やすりがけしてある面）にクッキーの型を置いて、まわりを鉛筆で写し取る
2. 1で書いたラインにそってプラバンを切り取る（残った鉛筆の跡は消しゴムで消しておく）
3. 好きな色や柄をつける
4. 焼く（➡38 基本の作り方参照）

型紙と色のつけ方

P6〜31の作品の型紙と、作品に使用するアクセサリー金具、
色や柄パターンを掲載しています。
材料をそろえて、好きな作品にチャレンジしてみましょう。

＜色の見方＞
本書では、いくつかのメーカーの色鉛筆やペンを使用しています。色の名前は各メーカーでの表記をそのまま掲載しています。メーカーの指示は記号で表しているので下記をご参照ください。

作品番号　色の名前
◇23　a…茶／P・b…黒／Hi・c…白／P
　　　　　　　　　　メーカー名
色を塗るところの指示。型紙と対応しています。

＜メーカーの指示＞

| 色鉛筆880…8 | ホルベイン…Ho | クラフトスター…C | ハイマッキー…Hi |
| ユニカラー…U | ポスカ…P | 蛍光ポスカ…K | IROJITEN…I | ポリカラー…Pl |

＜柄パターンの色の指示＞
「柄パターン」を使用するときの色つけの指示です。柄パターンの実際の型紙はP76〜79に掲載しています。

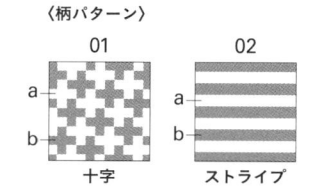

〈柄パターン〉
01　十字
a
b

02　ストライプ
a
b

01〜04
ハートのリング
星のピアス
(作品掲載P6)

● **必要なアクセサリー金具**
◇ 01・02　リング台
◇ 03・04　U字ピアス金具…1セット
　　　　　丸かん（0.7×4mm、0.6×3mm）…各2個

● **柄パターンを使うもの**
◇ 01　十字
◇ 02　ストライプ

● **色**
◇ 01　a…桃／[K]・b…ダークフタロブルー／[U]
◇ 02　a…ヨ／[P]・b…黒／[Hi]
◇ 03　a…フォームグレイ#2／[Ho]・b…シャルトルーズグリーン／[I]
◇ 04　a…ルピナス／[I]・b…ライトカーマイン／[U]

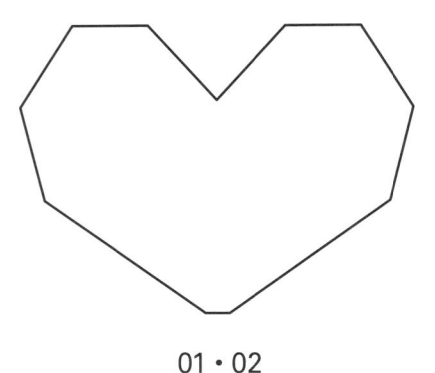

01・02

〈柄パターン〉 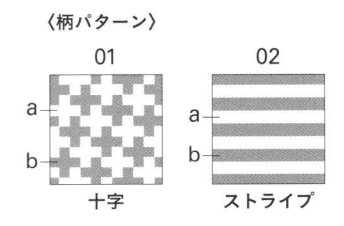
01　02
a　　a
b　　b
十字　ストライプ

▽▼▽
アクセサリーのアレンジ

掲載作品のアクセサリーはブローチをピアスやストラップにしたり、キャッチタイプのピアスをフックタイプにするなど、金具を変えて別のアクセサリーにすることもできます。お好みでアレンジして楽しんでください。

＊星の型紙は、上部だけ多めに削ってデザインされています。気になる場合は、他と同じ長さになるように少し長めに描き足して型紙にするとよいでしょう。

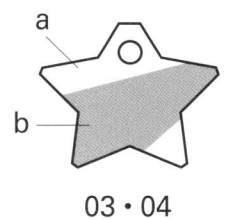

03・04

05〜08
さんかくの
ネックレス&ピアス
(作品掲載P7)

● 必要なアクセサリー金具
◇ 05　ネックレスチェーン（アジャスターつき）
　　　丸かん（0.8×5mm）…3個
　　　　　（0.7×4mm）…2個
◇ 06　ネックレスチェーン（アジャスターつき）
　　　丸かん（0.8×5mm、0.7×4mm）…各2個
◇ 07・08　ポストピアス（キャッチつき）…1セット

● 色
◇ 05　呉須色／[I]・ウォームグレイ♯2／[Ho]・ライトカーマイン／[U]・金／[P]
◇ 06　柳葉色／[I]・ライトグレー／[U]・一斤染／[I]
◇ 07　a…オリーブイエロー／[I]・b…忘れな草色／[I]
◇ 08　a…ルピナス／[I]・b…珊瑚色／[I]

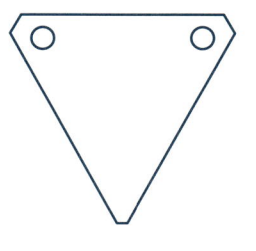

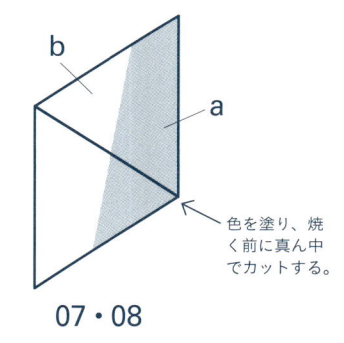

05・06

b　　　a

色を塗り、焼く前に真ん中でカットする。

07・08

▷▶▷ さんかくのネックレスのポイント

1. 丸かんでプラバン同士をつなげたときに、プラバンの角がぶつかりあっていると、出来上がりがきれいなアーチにならないことがあります。

2. ぶつかる角をやすりで削って角を取ります。

3. やすりをかければ、ぶつからず形のよいパーツが出来上がります。

| 色鉛筆880…[8] | ホルベイン…[Ho] | クラフトスター…[C] | ハイマッキー…[Hi] |
| ユニカラー…[U] | ポスカ…[P] | 蛍光ポスカ…[K] | IROJITEN…[I] | ポリカラー…[Pl] |

PLA-BAN 51

09〜13
まるの ブローチ&ピアス
(作品掲載P8)

● 必要なアクセサリー金具
◇ 09　ブローチ金具（15mm）
◇ 10・11　ブローチ金具（20mm）
◇ 12・13　ポストピアス（キャッチつき）…1セット

● 柄パターンを使うもの
◇ 09　ウロコジマ
◇ 10・12・13　市松
◇ 11　三角1

● 色
◇ 09　a…ヒアシンス／I・b…赤／K
◇ 10　a…白／P・b…黒／Hi
◇ 11　a…黄／C・b…ライトグレー／U
◇ 12　a…青／P・b…パロットグリーン／I
◇ 13　a…赤／C・b…ピーコックブルー／I

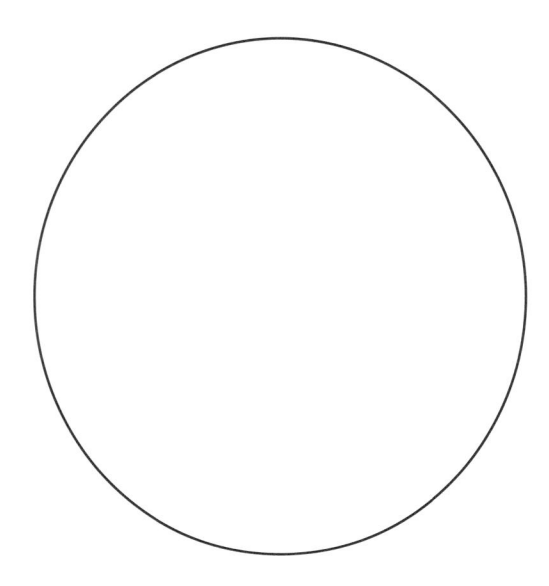

10・11

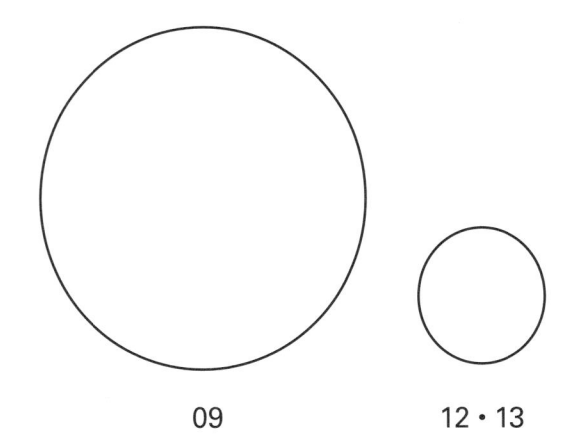

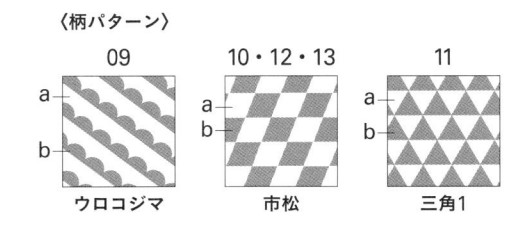

09

12・13

〈柄パターン〉

09　ウロコジマ
10・12・13　市松
11　三角1

14〜18
しかくの
ブローチ&ピアス

(作品掲載P8)

● 必要なアクセサリー金具
◇ 14・16　ブローチ金具（20mm）
◇ 15　ブローチ金具（15mm）
◇ 17・18　ポストピアス（キャッチつき）…1セット

● 柄パターンを使うもの
◇ 14　波
◇ 15・17・18　ストライプ
◇ 16　ドット

● 色
◇ 14　a…桃／K・b…忘れな草／I
◇ 15　a…パロットグリーン／I・b…白／P
◇ 16　a…猫柳色／I・b…白／P
◇ 17　a…オリーブイエロー／I・b…ターコイズ／U
◇ 18　a…赤紫／C・b…ダークフタロブルー／U

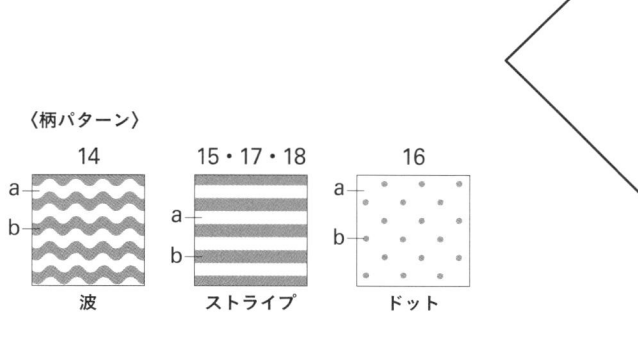

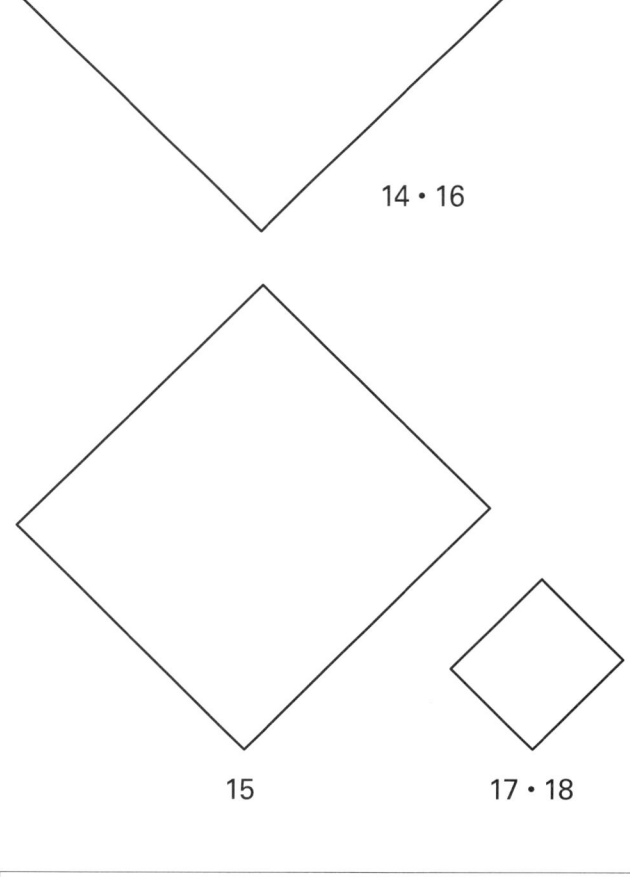

〈柄パターン〉

14	15・17・18	16
a / b	a / b	a / b
波	ストライプ	ドット

14・16

15

17・18

| 色鉛筆880…8　ホルベイン…Ho　クラフトスター…C　ハイマッキー…Hi |
| ユニカラー…U　ポスカ…P　蛍光ポスカ…K　IROJITEN…I　ポリカラー…Pl |

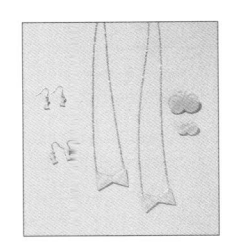

19・20
ちょうちょのブローチ
(作品掲載P9)

- **必要なアクセサリー金具**
- ◇ 19　ブローチ金具（20mm）
- ◇ 20　ブローチ金具（15mm）
- **柄パターンを使うもの**
- ◇ 19　ドット
- ◇ 20　ウロコジマ
- **色**
- ◇ 19　a…桜貝／☐・b…鳥の子色／☐
- ◇ 20　a…美女桜／☐・b…蜜蝋色／☐

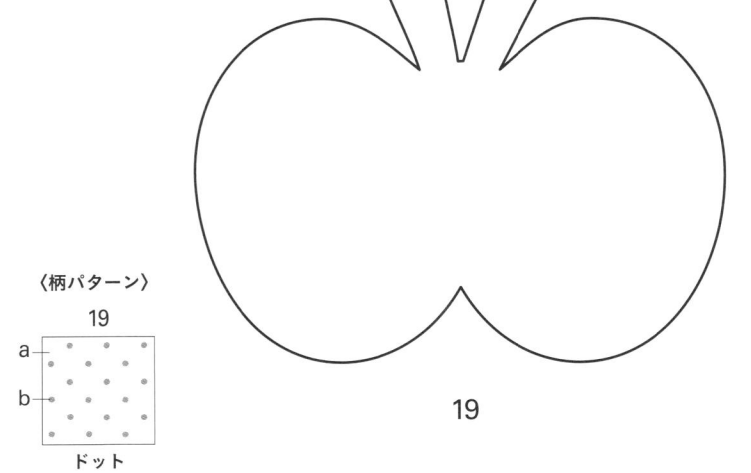

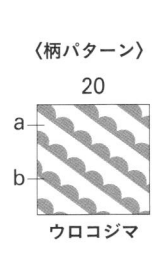

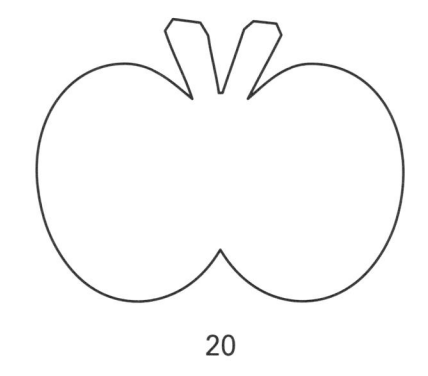

〈柄パターン〉
19
a
b
ドット

19

〈柄パターン〉
20
a
b
ウロコジマ

20

54 PLA-BAN

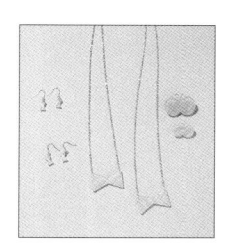

21・22
リボンの
ネックレス＆ピアス

(作品掲載P9)

※この型紙で同じ柄のネックレスとピアスが一度に作れます。

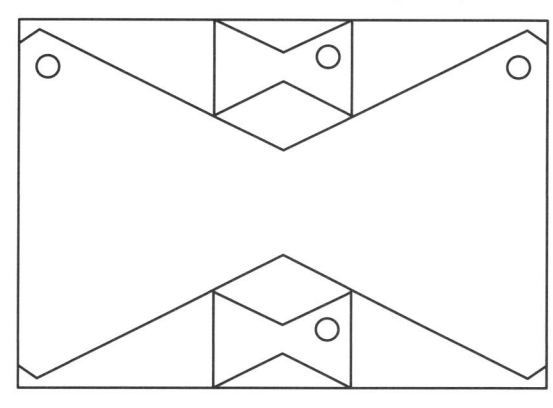

21・22

● 必要なアクセサリー金具
◇ ネックレス　ネックレスチェーン（アジャスターつき）
　　　　　　　丸かん（0.7×4mm）…2個
◇ ピアス　　　U字ピアス金具…1セット
　　　　　　　丸かん（0.7×4mm、0.6×3mm）…各2個

● 柄パターンを使うもの
◇ 21　ストライプ
◇ 22　市松

● 色
◇ 21　a…ライトグレー／U・b…一斤染／I
◇ 22　a…ライトグレー／U・b…ターコイズ／I

〈柄パターン〉

21	22
a—／b—	a—／b—
ストライプ	市松

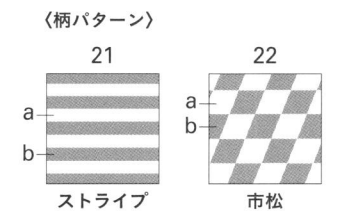

▷▶▷ リボンの詳しい作り方

1. まず、型紙のまわりの枠だけプラバンを切り、柄パターンにそって色をつけます。 
2. 再び型紙の上に置き、型紙にそって切り取ります。 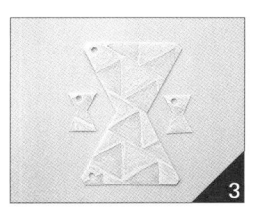
3. 切り取ったところ。穴はパンチで開けましょう。

| 色鉛筆880…8 | ホルベイン…Ho | クラフトスター…C | ハイマッキー…Hi |
| ユニカラー…U | ポスカ…P | 蛍光ポスカ…K | IROJITEN…I | ポリカラー…Pl |

PLA-BAN 55

23〜27
ねこのブローチ
(作品掲載P10)

● 必要なアクセサリー金具
◇ 全て　ブローチ金具(20mm)

● 柄パターンを使うもの
◇ 25　ドット
◇ 26　27　ストライプ

● 色
◇ 23　a…茶／P・b…黒／Hi・c…白／P
◇ 24　a,b…黒／Hi・c…白／P
◇ 25　a…ヒアシンス／I・b…黒／Hi
◇ 26　a…猫柳色／I・b…白／P
◇ 27　a…赤／K・b…ライトグレー／U

(25・26・27は柄のみ〈柄パターン〉を参照)

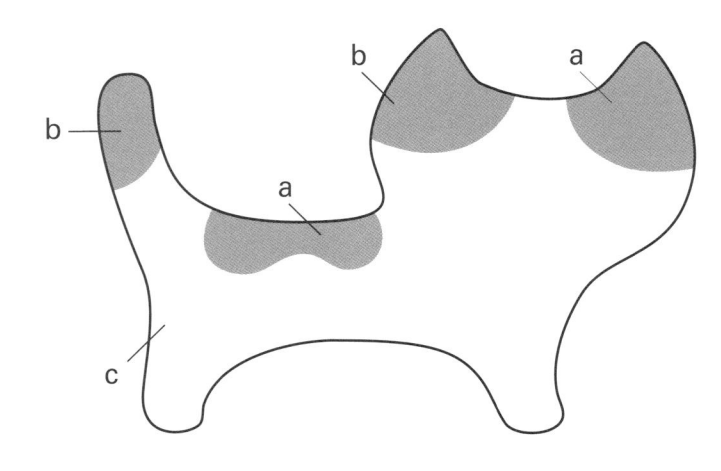

〈柄パターン〉

25　ドット

26・27　ストライプ

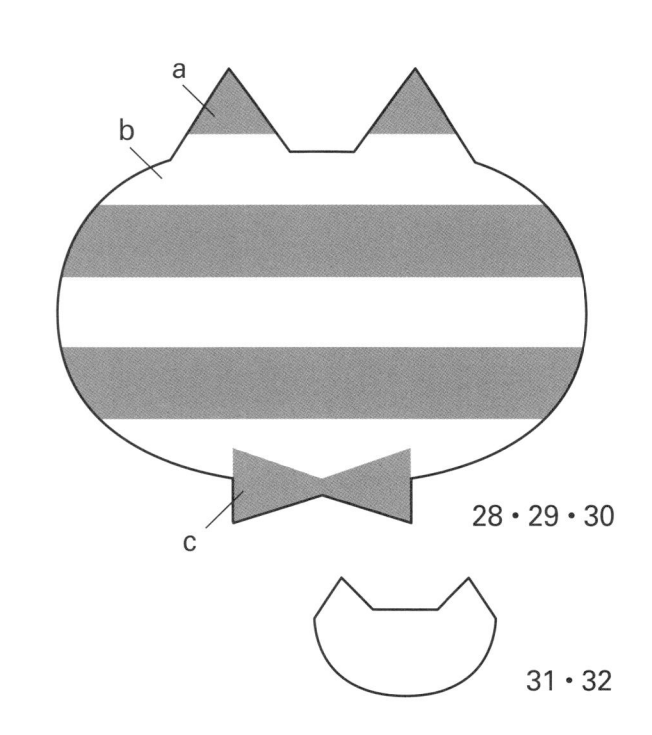

23・24・25・26・27

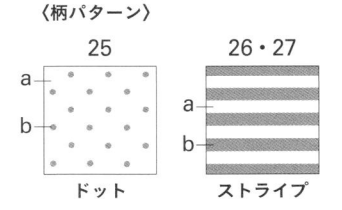

28〜32
ねこの顔のブローチ&ピアス
(作品掲載P11)

● 必要なアクセサリー金具
◇ 28　29・30　ブローチ金具(20mm)
◇ 31　32　ポストピアス(キャッチつき)…1セット

● 色
◇ 28　a…呉須色／I・b…白／P・c…赤／C
◇ 29　a…薄浅葱／I・b…桃／K
　　　c…シャルトルーズグリーン／I
◇ 30　a…山吹／P・b…ベージュグレー／U
　　　c…ダークフタロブルー／U
◇ 31　青／C
◇ 32　金／P

28・29・30

31・32

33〜38
とりのマグネット
こうもりのブローチ&ピアス
(作品掲載P12)

● 必要なアクセサリー金具
◇ 33・34・35　マグネット（10mm）
◇ 36・37　ブローチ金具（20mm）
◇ 38　U字ピアス金具…1セット
　　　丸かん（0.7×4mm、0.6×3mm）…各2個

● 柄パターンを使うもの
◇ 33　三角2
◇ 34　ウロコジマ
◇ 35　ドット

● 色
◇ 33　a…赤／K・b…スカイブルー／U
◇ 34　a…瓶覗／I・b…黄／C
◇ 35　a…薄荷色／I・b…白／P
◇ 36　a…黒／Hi・b…金／P
◇ 37　a…赤紫／C・b…黒／Hi
◇ 38　a…黒／Hi・b…金／P

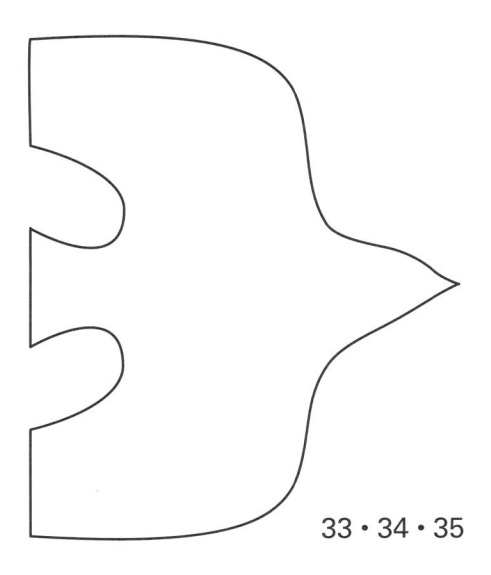

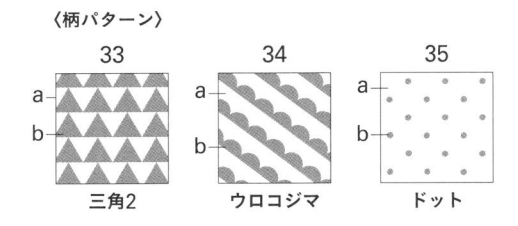

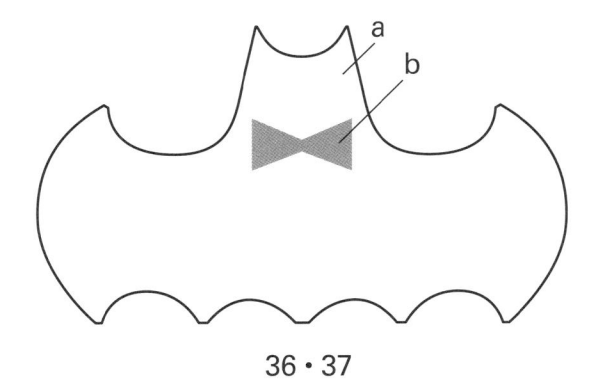

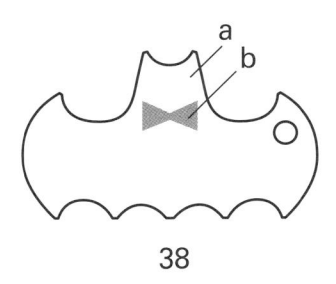

33・34・35

〈柄パターン〉

33	34	35
三角2	ウロコジマ	ドット

36・37

38

| 色鉛筆880…8 | ホルベイン…Ho | クラフトスター…C | ハイマッキー…Hi |
| ユニカラー…U | ポスカ…P | 蛍光ポスカ…K | IROJITEN…I | ポリカラー…P |

PLA-BAN 57

39～43
しまうまとしろくまの
ブローチ

(作品掲載P13)

● 必要なアクセサリー金具
◇ 39・40　ブローチ金具（25mm）
◇ 41・42・43　ブローチ金具（20mm）

● 柄パターンを使うもの
◇ 41・42・43　ストライプ

● 色
◇ 39　a…白／P・b…グレー／C・c…黒／Hi
◇ 40　a…銀／P・b…灰／P・c…黒／Hi
◇ 41　a…蜜蝋色／I・b…ブルーグリーン／U
◇ 42　a…ウォームグレイ♯2／Ho・b…赤／P
◇ 43　a…白／P・b…黒／Hi

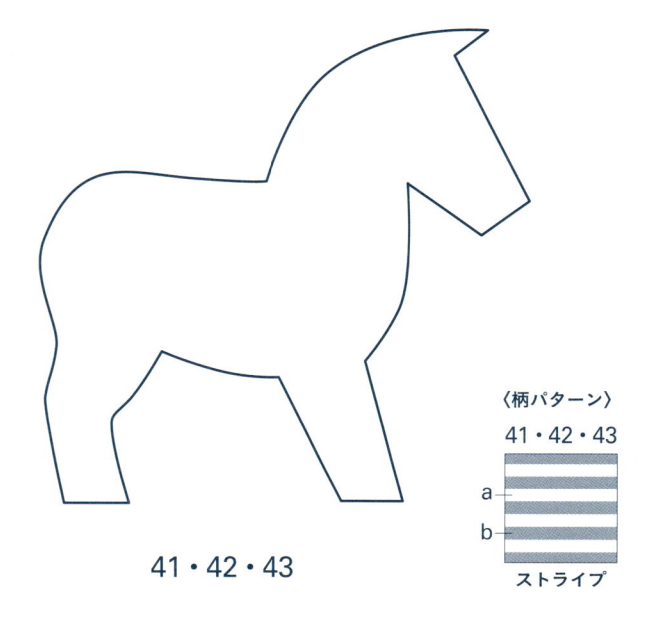

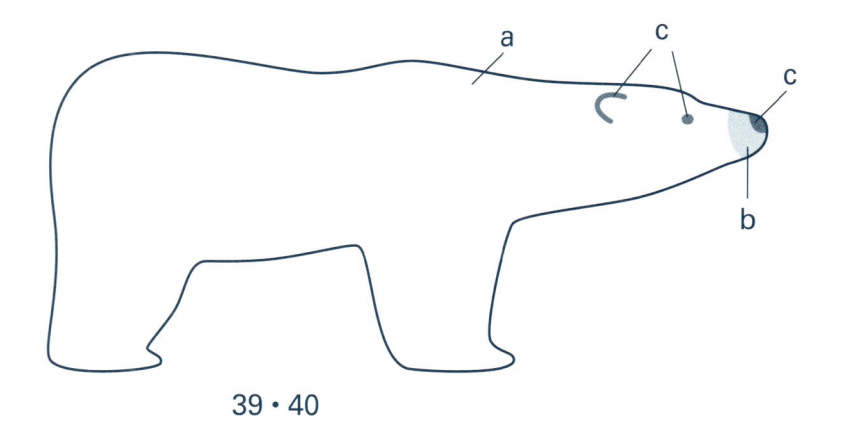

41・42・43

〈柄パターン〉
41・42・43

a
b

ストライプ

39・40

▽▼▽
**色を塗るときの
ポイント**

しろくまなど白の不透明の水性顔料インクのマーカーで塗る面が多いものは、重ね塗りするとよいでしょう。（P41参照）

| 色鉛筆880…S | ホルベイン…Ho | クラフトスター…C | ハイマッキー…Hi |
| ユニカラー…U | ポスカ…P | 蛍光ポスカ…K | IROJITEN…I | ポリカラー…Pl |

58　PLA-BAN

44〜50
くらげの
ブローチ&ピアス
（作品掲載P14）

● 必要なアクセサリー金具
◇ 44・45・46・47・48　ブローチ金具（20mm）
◇ 49・50　ポストピアス（キャッチつき）…1セット

● 柄パターンを使うもの
◇ 44　波
◇ 45　ウロコジマ
◇ 46　三角2
◇ 47　十字
◇ 48　ドット

● 色
◇ 44　a…秘色／I・b…桃／K
◇ 45　a…黄／C・b…ルピナス／I
◇ 46　a…桜貝／I・b…ライトグレー／U
◇ 47　a…きみどり／8・b…ライトブルー／C
◇ 48　a…忘れな草色／I・b…銀／P
◇ 49　a…秘色／I・b…橙／K
◇ 50　a…ライトグレー／U・b…忘れな草色／I

44・45・46・47・48

〈柄パターン〉

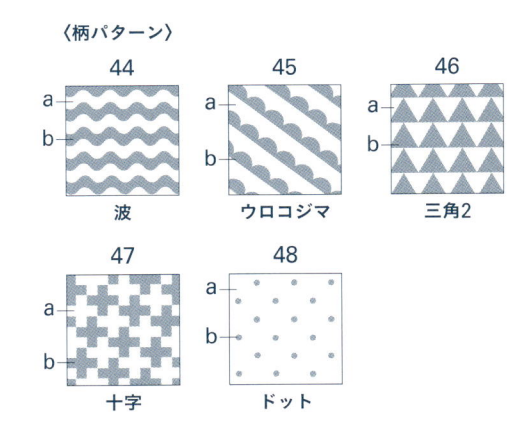

44	45	46
波	ウロコジマ	三角2

47	48
十字	ドット

▷▶▷ **切り方のポイント**

1. くらげの足など、細かいところを切る場合は、はさみを入れる方向をこまめに変えながら切っていきます。

2. はさみの方向を入れ変えたところ。無理に切り進めるとプラバンが割れてしまうので、丁寧に切りましょう。

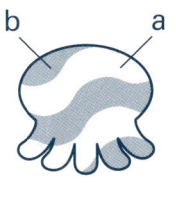

49・50

51〜55
恐竜のマグネット
（ステゴサウルス・
ティラノサウルス・
トリケラトプス）

(作品掲載P15)

● 必要なアクセサリー金具
◇ 全て　マグネット（10mm）

● 柄パターンを使うもの
◇ 51　ドット
◇ 52・54　ストライプ
◇ 53・55　ウロコジマ

● 色
◇ 51　a…山吹／P・b…ライトブルー／C
◇ 52　a…ベージュグレー／U・b…ライトグリーン／C
◇ 53　a…蜜蝋色／I・b…ピンク／C
◇ 54　a…鶯色／I・b…赤紫／C
◇ 55　a…薄浅葱／I・b…ライラック／I

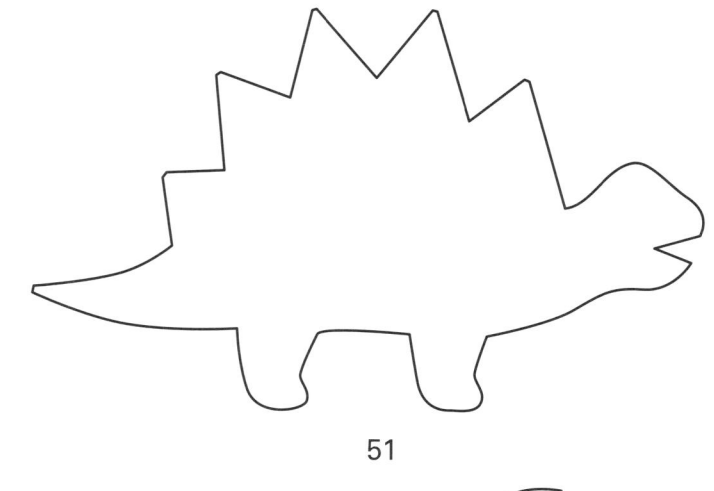

51

53・55

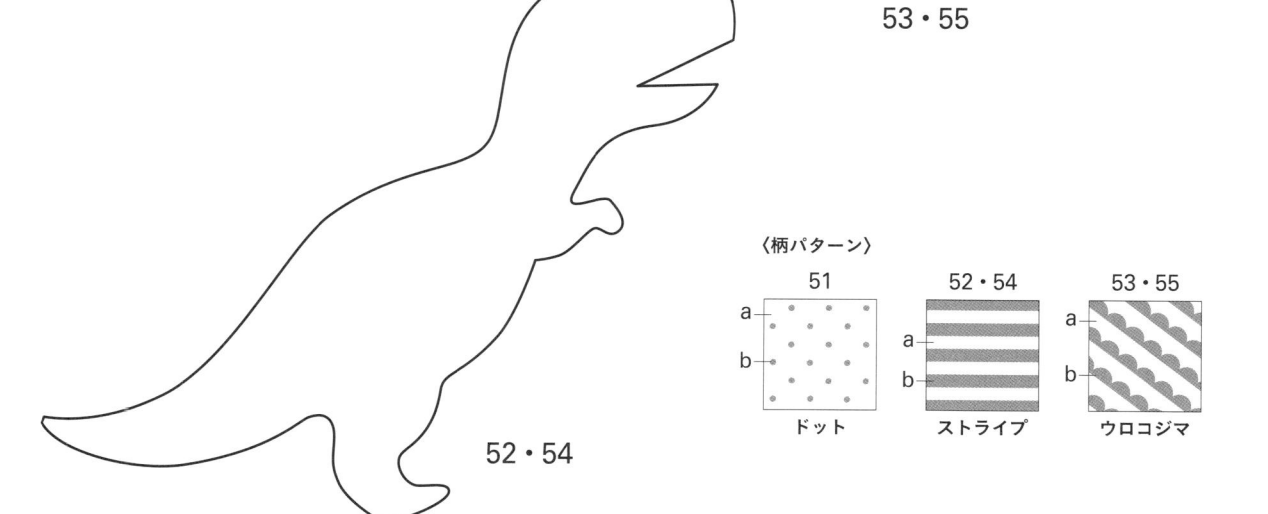

52・54

〈柄パターン〉

51	52・54	53・55
ドット	ストライプ	ウロコジマ

60 PLA-BAN

56～59
ホットケーキと
ドーナツのマグネット

(作品掲載P16)

● 必要なアクセサリー金具
◇ 全て　マグネット（15mm）

● 色
◇ 56　a…茶／P・b…水仙／I
◇ 57　a…白／P・b…一斤染／I・c…つちいろ／8
◇ 58　a…鳥の子色／I・b…茶／P・c…おうどいろ／8
◇ 59　a…おうどいろ／8・b…たまごいろ／8

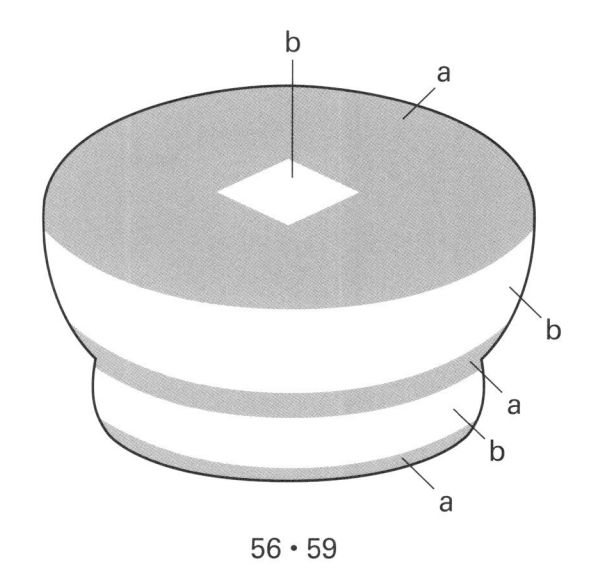

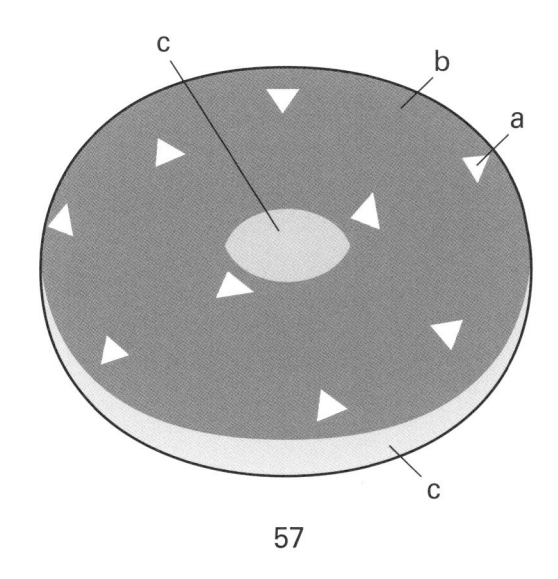

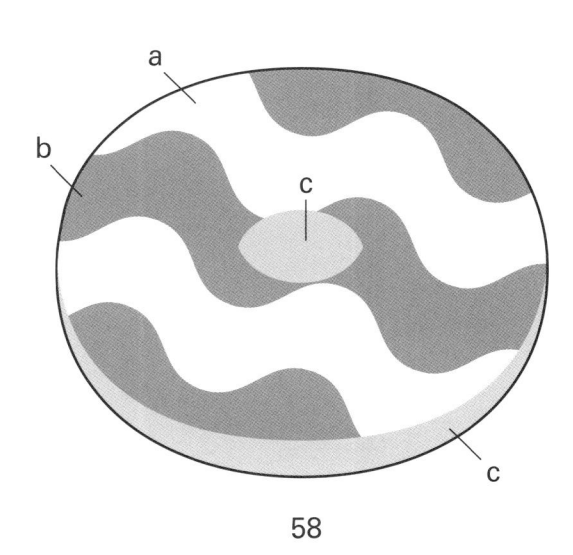

56・59

57

58

| 色鉛筆880…8　ホルベイン…Ho　クラフトスター…C　ハイマッキー…Hi |
| ユニカラー…U　ポスカ…P　蛍光ポスカ…K　IROJITEN…I　ポリカラー…Pl |

60〜64
アイスキャンディーの ブローチ

(作品掲載P17)

● 必要なアクセサリー金具
◇ 60・62・63　ブローチ金具（20mm）
◇ 61・64　ブローチ金具（15mm）

● 柄パターンを使うもの
◇ 61・63　ストライプ
◇ 62　ドット

● 色
◇ 60　a…白／P・b…茶／P・c…猫柳色／I
◇ 61　a…ライトブルー／U・b…おうどいろ／8
　　　c…蜜蝋色／I
◇ 62　a…アイスグリーン／Ho・b…橙／K
　　　c…オリーブイエロー／I
◇ 63　a…ルピナス／I・b…黄／K・c…サンド／Ho
◇ 64　a…白／P・b…桃／K・c…おうどいろ／8

（61・62・63は柄のみ〈柄パターン〉を参照）

60・62・63

61・64

〈柄パターン〉
61・63　ストライプ
62　ドット

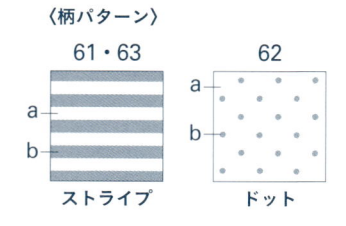

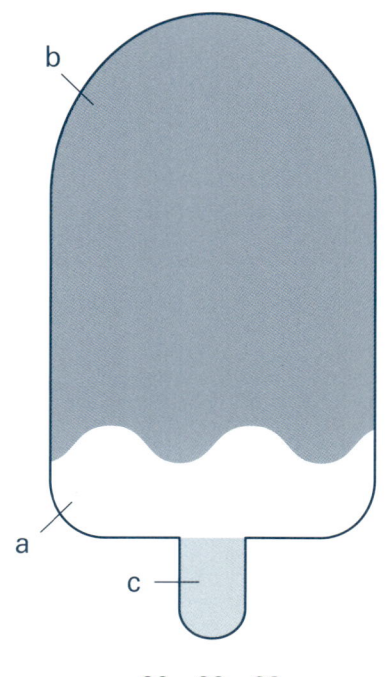

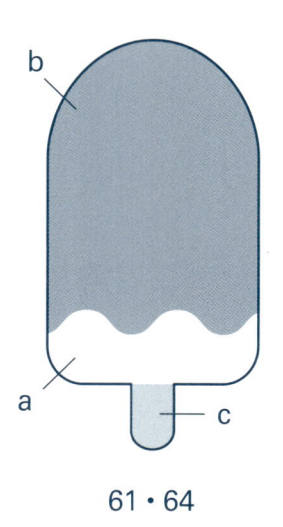

| 色鉛筆880…8 | ホルベイン…Ho | クラフトスター…C | ハイマッキー…Hi |
| ユニカラー…U | ポスカ…P | 蛍光ポスカ…K | IROJITEN…I | ポリカラー…Pl |

65～69
アイスクリームの
ブローチ＆
ピアス
（作品掲載P18）

● 必要なアクセサリー金具
◇ 65・66・67　ブローチ金具（20mm）
◇ 68・69　ポストピアス（キャッチつき）…1セット

● 柄パターンを使うもの
◇ 65　波
◇ 66　ウロコジマ
◇ 67　ドット

● 色
◇ 65　a…瓶覗／I・b…茶／P・c…金／P・d…ライトブラウン／Hi
◇ 66　a…ルピナス／I・b…赤／K・c…つちいろ／8・d…茶／P
◇ 67　a…白緑／I・b…白／P・c…おうどいろ／8・d…茶／P
◇ 68　a…白／P・b…薄浅葱／I・c…金／P
◇ 69　a…白／P・b…茶／P・c…金／P

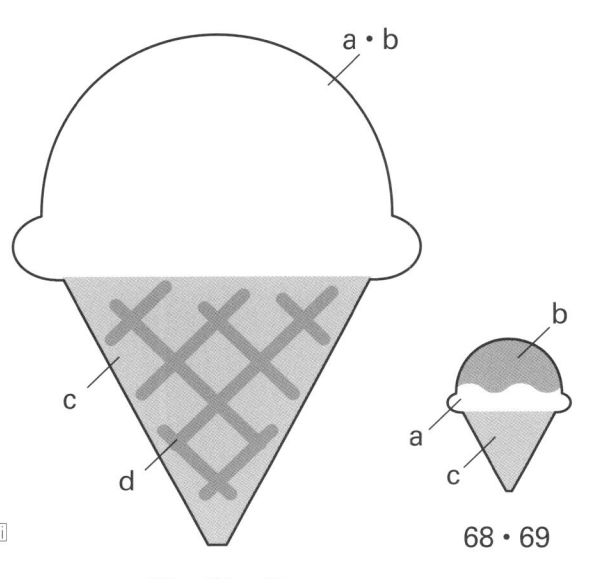

65・66・67

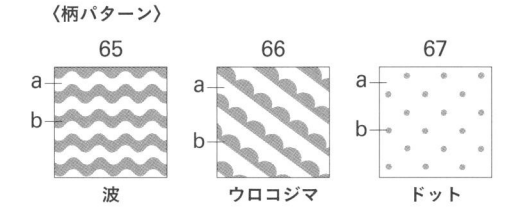

68・69

〈柄パターン〉
65 波
66 ウロコジマ
67 ドット

70～73
かき氷の
ストラップ＆
ピアス
（作品掲載P19）

● 必要なアクセサリー金具
◇ 70・71　ストラップ金具…1個
　　　　　丸かん（1×6mm）…1個
◇ 72・73　ポストピアス（キャッチつき）…1セット

● 色
◇ 70　a…白／P・b…秘色／I・c…ルピナス／I
◇ 71　a…白／P・b…山吹／P・c…柳葉色／I
◇ 72　a…白／P・b…黄色／C・c…ルピナス／I
◇ 73　a…白／P・b…一斤染／I・c…銀／P

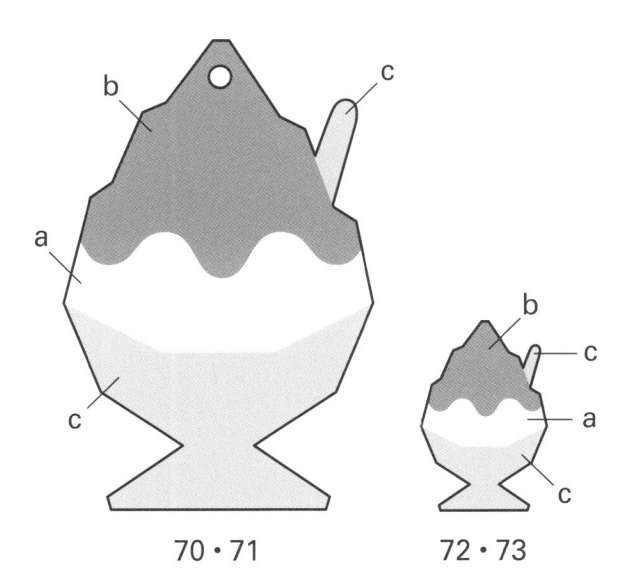

70・71

72・73

PLA-BAN 63

74〜77
スイカの
ストラップ＆ピアス

（作品掲載P20）

● **必要なアクセサリー金具**
◇ 74・75　ストラップ金具…1個
　　　　　丸かん（1×6mm）…1個
◇ 76・77　ポストピアス（キャッチつき）…1セット

● **色**
◇ 74・76　a…黄／C・b…黒／Hi・c…緑／C
◇ 75・77　a…赤／C・b…黒／Hi・c…緑／C

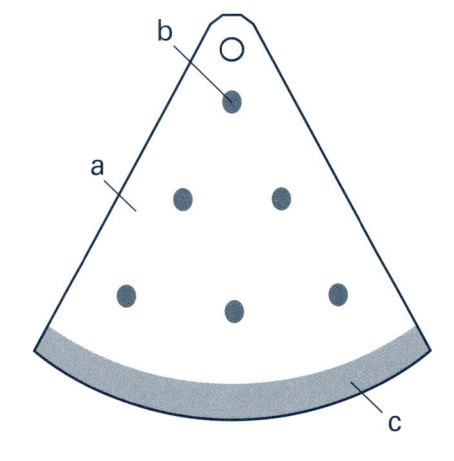

74・75

▽ ▼ ▽
ドットをきれいに仕上げるコツ

スイカの種や柄パターンのドットなどの小さい丸は、そのまわりの色を塗っているときに色が混ざって濁ることがあります。これを防ぐために、まずドットの外側を縁取り、そこからドットのまわりを塗っていくときれいに仕上がります。

まわりを塗る前にドットの外側を縁取る。

＊ドットを塗る順番は特に決まりはありません。どちらから塗る場合も同じようにするとよいでしょう。

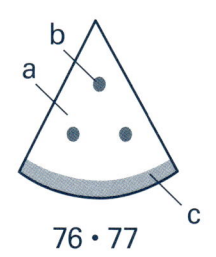

76・77

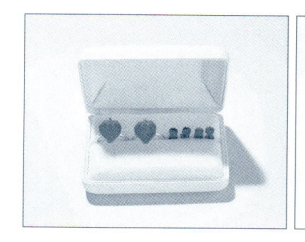

78〜85
イチゴのリング&ピアス
リンゴのリング&ピアス

(作品掲載P21)

● 必要なアクセサリー金具
◇ 78・79・82・84　リング台
◇ 80・81・83・85　ポストピアス（キャッチつき）…1セット

● 柄パターンを使うもの
◇ 82　ウロコジマ
◇ 84　ストライプ

● 色
◇ 78　a…金／P・b…赤／C
◇ 79　a…ブルーグリーン／U・b…ライトカーマイン／U
◇ 80　a,c…黒／Hi・b…赤／C
◇ 81　a…緑／C・b…チェリー／I・c…金／P
◇ 82　a…薄浅葱／I・b…金／P
◇ 83　a…オリーブイエロー／I・b…ブルーグリーン／U
◇ 84　a…赤／C・b…ターコイズ／U
◇ 85　a…赤／C・b…オリーブイエロー／I

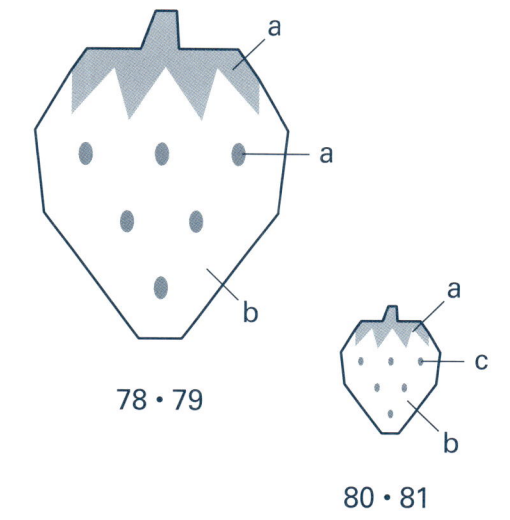

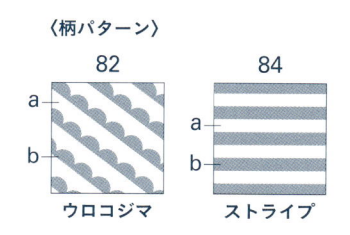

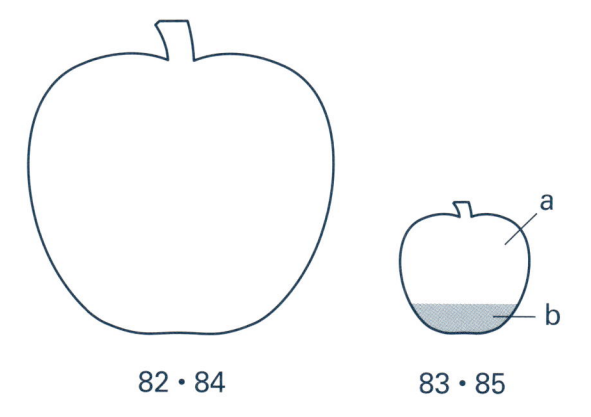

〈柄パターン〉
82　ウロコジマ
84　ストライプ

78・79
80・81
82・84
83・85

色鉛筆880…8　ホルベイン…Ho　クラフトスター…C　ハイマッキー…Hi
ユニカラー…U　ポスカ…P　蛍光ポスカ…K　IROJITEN…I　ポリカラー…Pl

86～90 きのこのブローチ＆ピアス
（作品掲載P22）

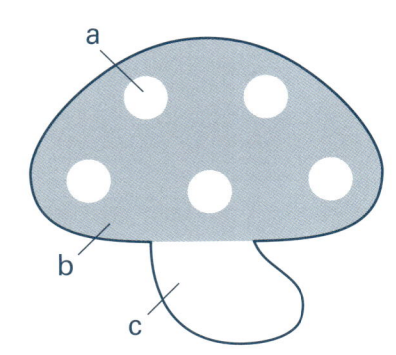

● 必要なアクセサリー金具
◇ 86・87　ポストピアス（キャッチつき）…1セット
◇ 88・89・90　ブローチ金具（15mm）

● 柄パターンを使うもの
◇ 88　波
◇ 89　ウロコジマ

● 色
◇ 86　a…ベージュグレー／U・b…赤／K
◇ 87　a…グレー／C・b…黒／Hi
◇ 88　a…ライトブルー／C・b…茶／P・c…鳥の子色／I
◇ 89　a…シャルトルーズグリーン／I・b…桃／K・c…蜜蝋色／I
◇ 90　a,c…白／P・b…橙／P

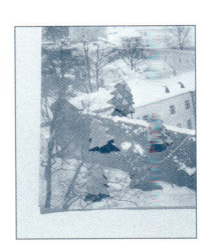

〈柄パターン〉
88 波
89 ウロコジマ

86・87
88・89・90

91～95 ツリーのブローチ
（作品掲載P23）

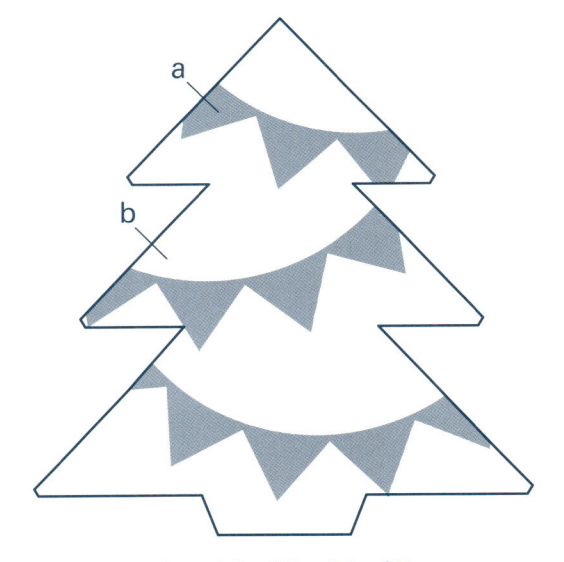

● 必要なアクセサリー金具
◇ 全て　ブローチ金具（20mm）

● 柄パターンを使うもの
◇ 91　三角1
◇ 92　ドット
◇ 93　十字

● 色
◇ 91　a…ターコイズ／U・b…桃／K、ベージュグレー／U
◇ 92　a…緑／F・b…白／P
◇ 93　a…ルピナス／I・b…ピーコックブルー／I
◇ 94　a…赤／F・b…エメラルドいろ／P
◇ 95　a…金／F・b…パロットグリーン／I

（91・92・93は丙のみ〈柄パターン〉を参照）

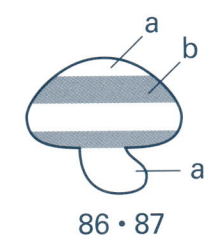

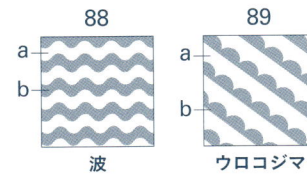

91・92・93・94・95

〈柄パターン〉
91 三角1
92 ドット
93 十字

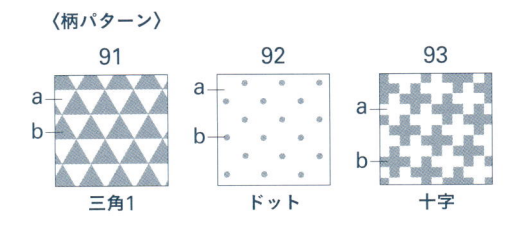

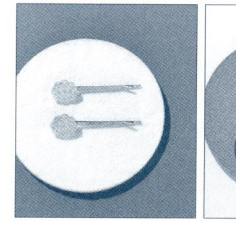

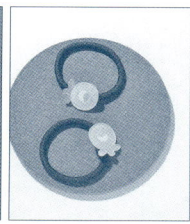

96〜99
花のヘアピン
花のヘアゴム

(作品掲載P24)

● 必要なアクセサリー金具
◇ 96・97　ヘアピン（丸皿つき）
◇ 98・99　ヘアゴム（丸皿つき）

● 色
◇ 96　a…薄紅／I・b…金／P
◇ 97　a…アクア／I・b…金／P
◇ 98　a…白／P・b…美女桜／I
　　　c…オリーブイエロー／I・d…ターコイズ／U
◇ 99　a…白／P・b…桜貝／I
　　　c…シャルトルーズグリーン／I・d…抹茶色／I

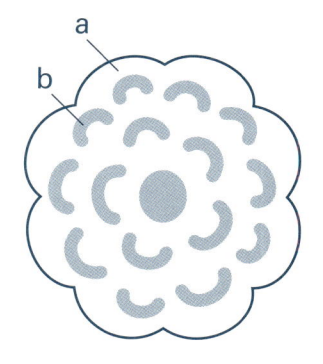

96・97

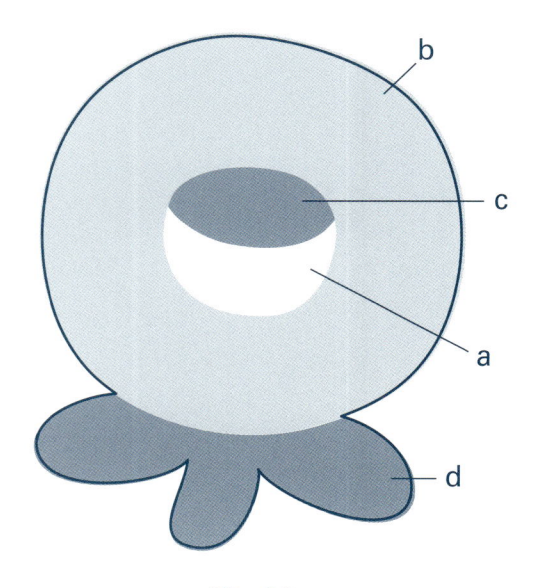

98・99

| 色鉛筆880…8 | ホルベイン…Ho | クラフトスター…C | ハイマッキー…Hi |
| ユニカラー…U | ポスカ…P | 蛍光ポスカ…K | IROJITEN…I | ポリカラー…Pl |

PLA-BAN 67

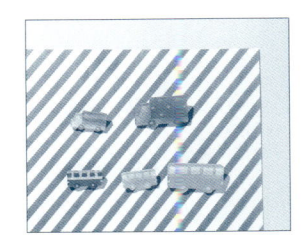

100・101
トラックのブローチ

(作品掲載P25)

● 必要なアクセサリー金具
◇ 100　ブローチ金具（15mm）
◇ 101　ブローチ金具（20mm）

● 色
◇ 100　a…銀／P・b…ヒアシンス／I・c…黄／C・d…白／P
◇ 101　a…銀／P・b…ダークフタロブルー／U
　　　　c…山吹／P

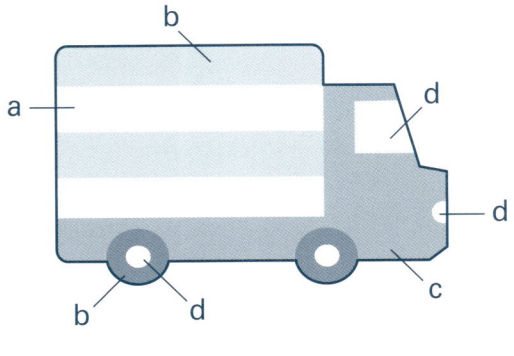

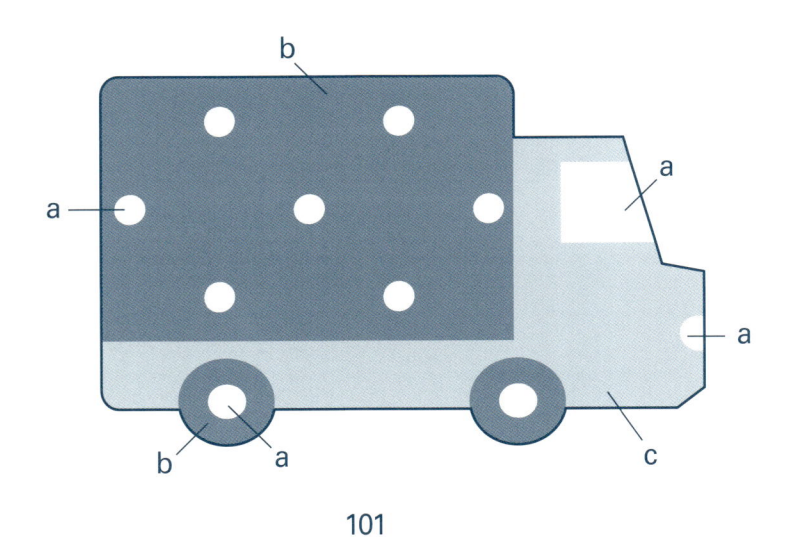

100

101

102〜104
バスのブローチ

(作品掲載P25)

● 必要なアクセサリー金具
◇ 102・103　ブローチ金具（15mm）
◇ 104　ブローチ金具（25mm）

● 色
◇ 102　a,d…青／P・b,e…白／P・c…茶／P
◇ 103　a,e…白／P・b,d…ウォームグレイ♯2／Ho
　　　　c…薄紅／I
◇ 104　a…白／P・b…サンド／Ho・c…黄緑／P

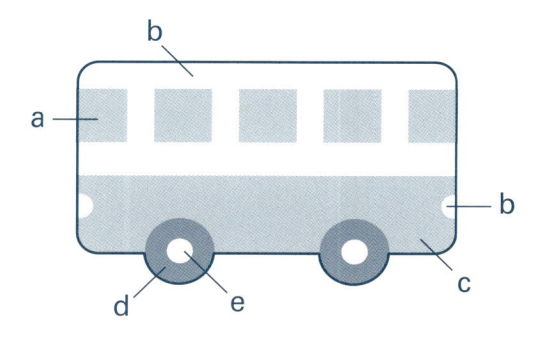

102・103

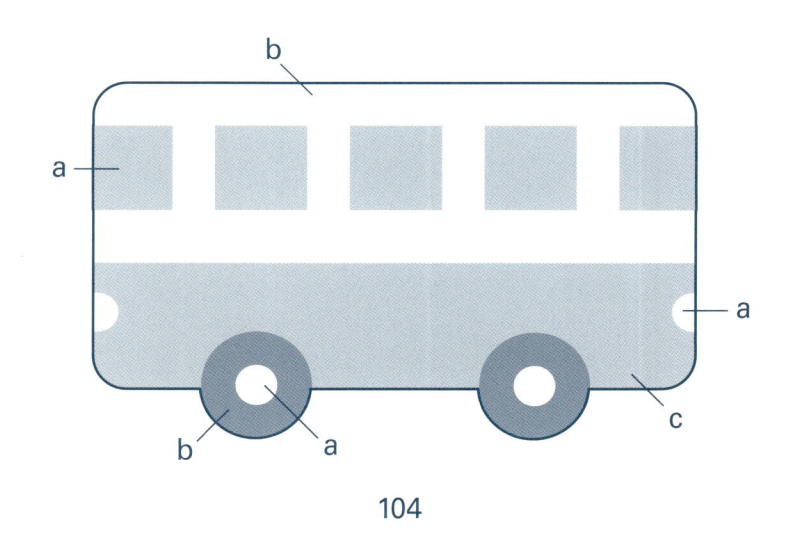

104

| 色鉛筆880…8　ホルベイン…Ho　クラフトスター…C　ハイマッキー…Hi |
| ユニカラー…U　ポスカ…P　蛍光ポスカ…K　IROJITEN…I　ポリカラー…Pl |

105〜109
くるまのブローチ
(作品掲載P26)

● 必要なアクセサリー金具
◇ 全て　ブローチ金具（20mm）

● 色
◇ 105　a,d,f…銀／P・b…ライトカーマイン／U
　　　　c,e…ターコイズ／U
◇ 106　a,c,e…桃／K・b,d,f…オリーブイエロー／I
◇ 107　a,d,f…白／P・b…ヒアシンス／I・c,e…茶／C
◇ 108　a…青／F・b…サンド／Ho・c…緑／C
◇ 109　a…青褐／I・b…ブルーセレスト／U・c…赤／P

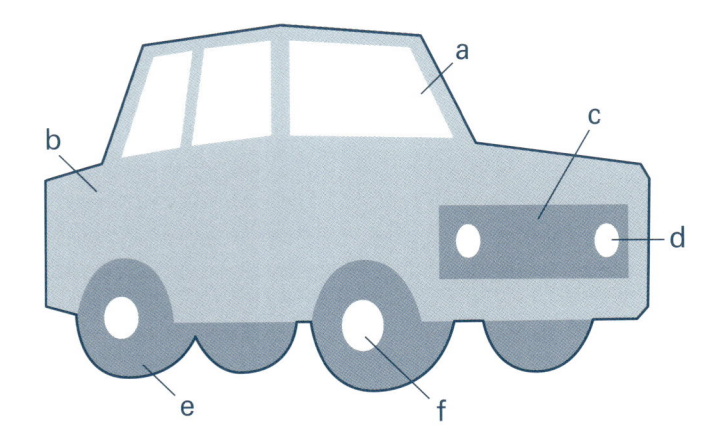

105・106・107

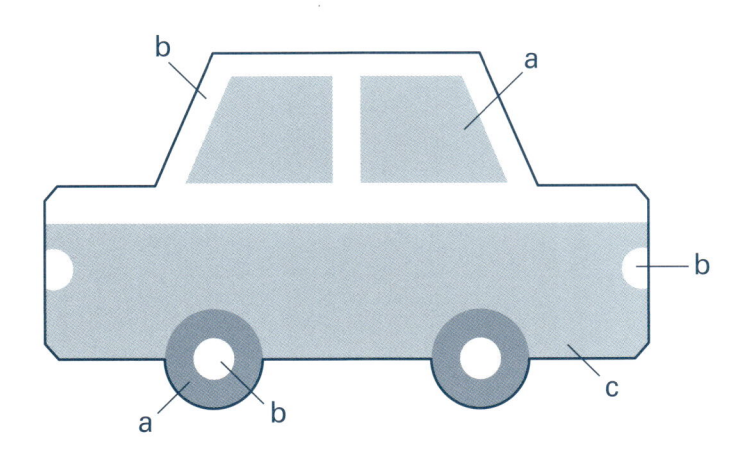

108・109

110～114
電車のブローチ
（作品掲載P27）

● **必要なアクセサリー金具**
◇ 全て　ブローチ金具（20mm）

● **色**
◇ 110　a…蒲公英／I・b…鳩羽色／I・c…ライトブルー／C
◇ 111　a…銀／P・b…赤／C・c…緑／C
◇ 112　a…赤／K・b…ターコイズ／U・c…オリーブイエロー／I
◇ 113　a…黄緑／P・b…ヒアシンス／I・c…ピーコックブルー／I
◇ 114　a…忘れな草／I・b…金／P・c…ブルーグリーン／U

> ▽▼▽
> **色の組合せ**
> 本書で紹介する色の他に、好きな色を使って作ることができます。色の組合せに迷ったときは、好きな服や雑貨の配色を参考にするとよいでしょう（ファッション雑誌等を参考にしてもOK）。また、「山は緑」という固定観念にとらわれずに色を決めても楽しいです。いきなり塗ってしまうのが不安な方は、試し書きをして色の組合せを確認するとよいでしょう。

110・111・112・113・114

| 色鉛筆880…8 | ホルベイン…Ho | クラフトスター…C | ハイマッキー…Hi |
| ユニカラー…U | ポスカ…P | 蛍光ポスカ…K | IROJITEN…I | ポリカラー…Pl |

PLA-BAN　71

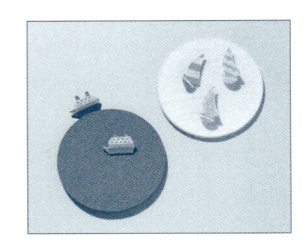

115〜119
ヨットと客船の ブローチ

(作品掲載P28)

● 必要なアクセサリー金具
◇ 115・116　ブローチ金具（20mm）
◇ 117・118・119　ブローチ金具（25mm）

● 柄パターンを使うもの
◇ 118　ウロコジマ
◇ 119　ドット

● 色
◇ 115　a…白／P・b…グレー／C・c…青／P
◇ 116　a…白／P・b…金／P・c…赤／C
◇ 117　a…桃／K・b…白／P・c…ダークフタロブルー／U
◇ 118　a…アクア／I・b…白／P・c…やまぶきいろ／8
◇ 119　a…ウォームグレイ#2／Ho・b…白／P・c…ブリリアントグリーン／U

（118・119は柄のみ〈柄パターン〉を参照）

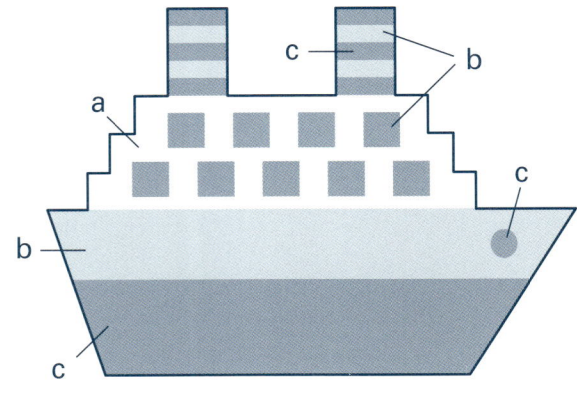

〈柄パターン〉
118 ウロコジマ
119 ドット

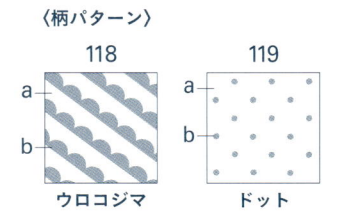

115・116

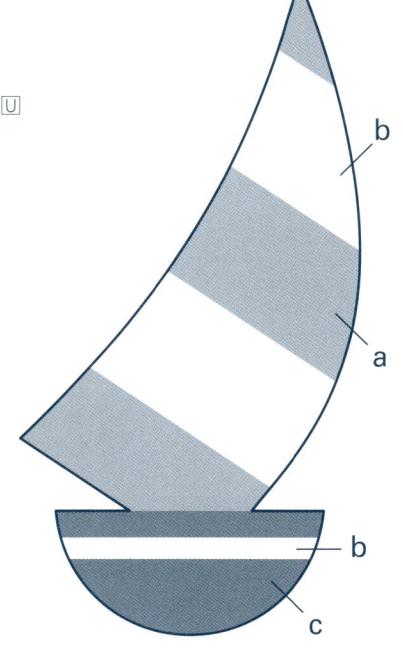

117・118・119

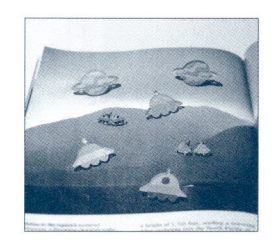

120〜126
UFOのブローチ&ピアス
土星のブローチ

(作品掲載P29)

● 必要なアクセサリー金具
◇ 120・121　ブローチ金具（20mm）
◇ 122・123・124　ブローチ金具（15mm）
◇ 125・126　ポストピアス（キャッチつき）…1セット

● 色
◇ 120　a…きみどり／8・b…ライトグレー／U・c…赤／K
◇ 121　a…赤／C・b…ライトブルー／C・c…金／P
◇ 122　a…ブルーグリーン／U・b,d,e…銀／P・c…山吹／P
◇ 123　a…銀／P・b,d…瓶覗／I・c,e…黄／K
◇ 124　a…ルピナス／I・b,d…青／P・c,e…桃／K
◇ 125　a,e…銀／P・b,d…黒／Hi・c…ライトブルー／C
◇ 126　a,d…忘れな草色／I・b,c,e…赤／K

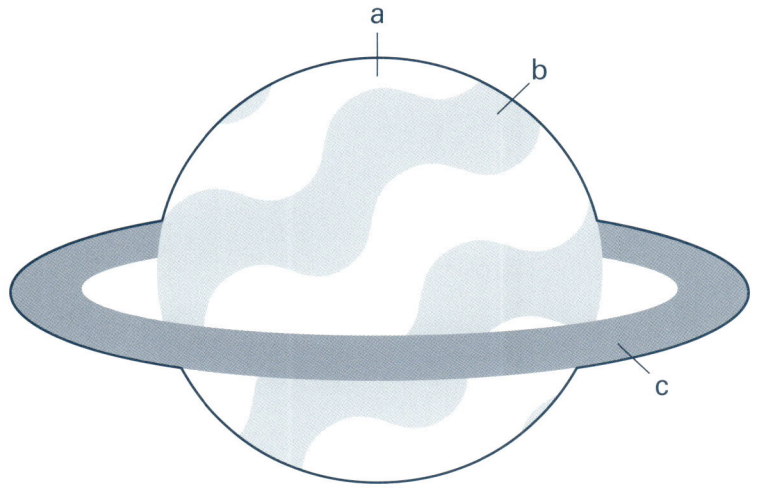

120・121

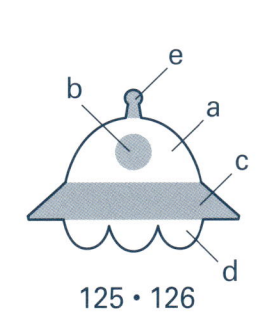

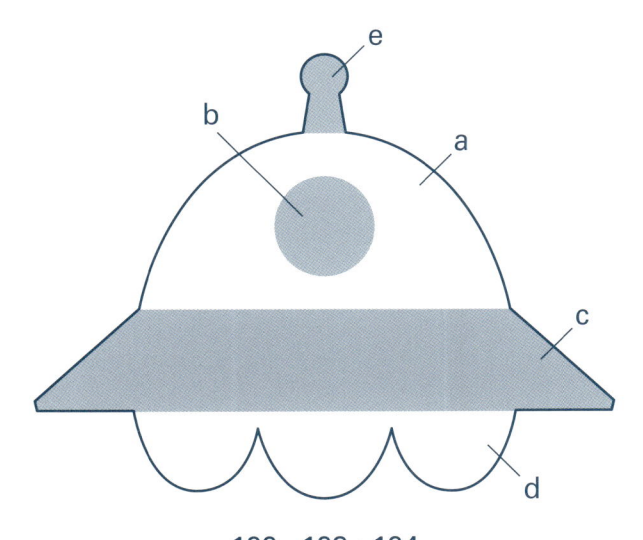

125・126

122・123・124

| 色鉛筆880…8 | ホルベイン…Ho | クラフトスター…C | ハイマッキー…Hi |
| ユニカラー…U | ポスカ…P | 蛍光ポスカ…K | IROJITEN…I | ポリカラー…Pi |

PLA-BAN

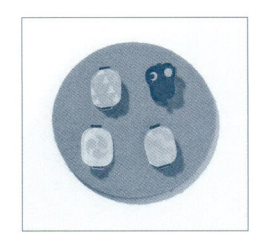

127～130
軍配と提灯のブローチ
（作品掲載P30）

● **必要なアクセサリー金具**
◇ 全て　ブローチ金具（20mm）

● **柄パターンを使うもの**
◇ 127　三角1
◇ 129　波

● **色**
◇ 127　a…ライトブルー／C
　　　　b…ライトグレー／U、シャルトルーズグリーン／I
　　　　c…黒／Hi
◇ 128　a…瓶覗／I・b…赤／K・c…黒／Hi
◇ 129　a…ウォームグレイ♯2／Ho・b…緑／K・c…黒／Hi
◇ 130　a…金／P・b…黒／Hi

（127・129は柄のみ〈柄パターン〉を参照）

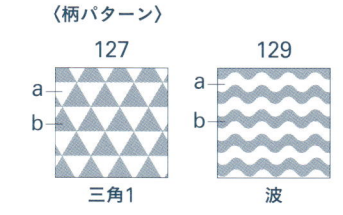

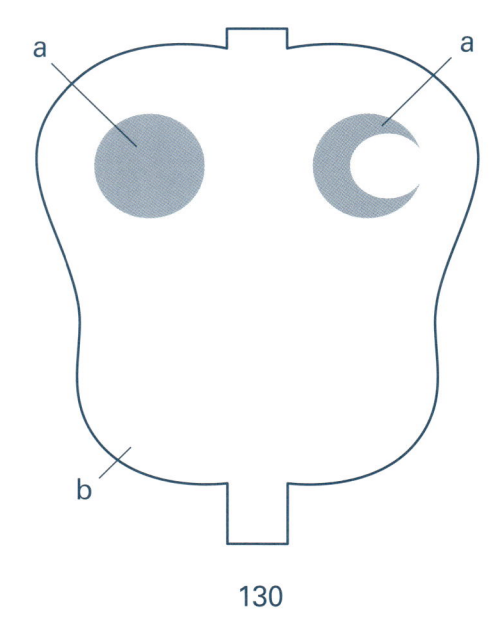

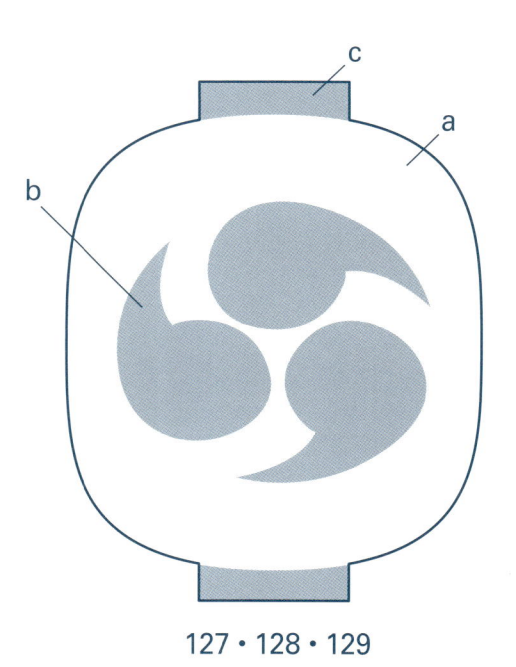

130

〈柄パターン〉

127　三角1

129　波

127・128・129

131〜137
富士山の ブローチ&ピアス
（作品掲載P31）

● 必要なアクセサリー金具
◇ 131・132・133・134・135　ブローチ金具（20mm）
◇ 136・137　ポストピアス（キャッチつき）…1セット

● 色
◇ 131　a…白／P・b…ターコイス／I
◇ 132　a…白／P・b…オリーブイエロー／I
◇ 133　a…白／P・b…川蝉色／I
◇ 134　a…白／P・b…赤／K
◇ 135　a…白／P・b…銀／I
◇ 136　a…白／P・b…桃／K
◇ 137　a…白／P・b…忘れな草色／I

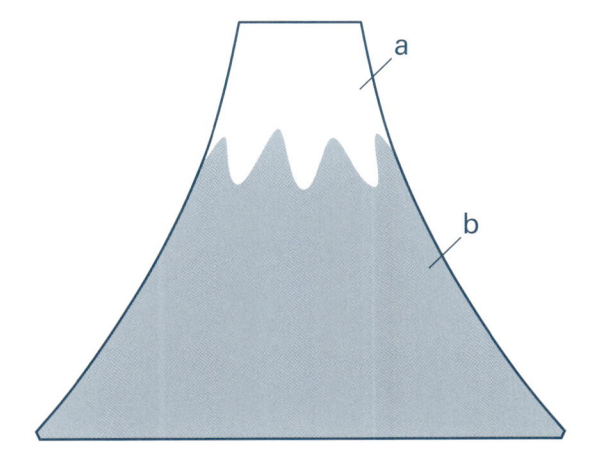

131・132・133・134・135

136・137

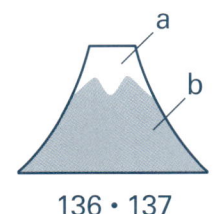

▷▶▷ 描き方のポイント

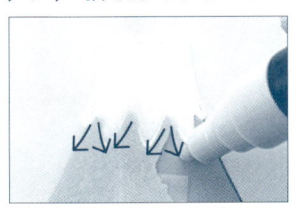

富士山は、白から塗ります。次に下の部分を塗るとき、境界線はペン先を下方向に向かって払うようにして描くと、きれいに塗れます。

| 色鉛筆880…8 | ホルベイン…Ho | クラフトスター…C | ハイマッキー…Hi |
| ユニカラー…U | ポスカ…P | 蛍光ポスカ…K | IROJITEN…I | ポリカラー…P |

PLA-BAN

柄パターン／ドット

柄パターン／波

柄パターン／ストライプ

柄パターン／ウロコジマ

柄パターン／市松

柄パターン／十字